LEMA
SABACHTANI
14
STATIONEN
DES
KREUZWEGS

BERND ZIMMER
LEMA SABACHTANI 14 STATIONEN DES KREUZWEGS

D.P.
DRUCK- UND PUBLIKATIONS GMBH
MÜNCHEN

DIESES BUCH ERSCHEINT ANLÄSSLICH DER PRÄSENTATION
DES HOLZSCHNITTZYKLUS

LEMA SABACHTANI
14 STATIONEN DES KREUZWEGS

IN DEN U-BAHNHÖFEN DER FRIEDRICHSTRASSE BERLIN

28.3. – 11.4.2006

UND
DER AUSSTELLUNG IM MUSEUM NIKOLAIKIRCHE
DER STIFTUNG STADTMUSEUM BERLIN

28.3. – 30.4.2006

LEMA SABACHTANI
14 STATIONEN DES KREUZWEGS 8

ANUSCHKA KOOS
VORWORT 37

EUGEN BISER
BERND ZIMMER: DER KREUZWEG 41

KREUZWEG
FRIDOLIN HAUGG IM GESPRÄCH
MIT BERND ZIMMER, 18. JANUAR 2006 45

FRIEDRICH NIETZSCHE
DER ANTICHRIST (34, 35, 39) 54

HELMUT A. MÜLLER
»LEMA SABACHTANI«?
BERND ZIMMERS 14 STATIONEN
DES KREUZWEGS ALS DENKWEG 57

WOLF-GÜNTER THIEL
DER KREUZWEG ALS
PHÄNOMEN DER GEDÄCHTNISKUNST 61

AUTOREN 72

BIOGRAFIE 74

»DER UMFANG DES HISTORISCH GESICHERTEN TATBESTANDS INNERHALB DER PASSIONSERZÄHLUNG IST GERING. ALS NICHT BEZWEIFELBAR GILT, DASS JESUS GEKREUZIGT WURDE. DARAUS LASSEN SICH VERHAFTUNG UND PROZESS FOLGERN. DENKBAR IST NUR EIN RÖMISCHER PROZESS, WEIL DIE KREUZIGUNG EINE RÖMISCHE, KEINE JÜDISCHE TODESSTRAFE IST. ALLES, WAS ÜBER DIESES DÜRRE FAKTENGERÜST HINAUSGEHT, IST STRITTIG.«

HUBERTUS HALBFAS,
DIE BIBEL, DÜSSELDORF 2001

»NUN SAG, WIE HAST DU'S MIT DER RELIGION?«

JOHANN WOLFGANG VON GOETHE,
FAUST, DER TRAGÖDIE ERSTER TEIL

»DER TITEL SOLLTE ALS METAPHER FÜR MEINE GEFÜHLE BEIM MALEN DIESER BILDER STEHEN. ER IST NICHT WÖRTLICH ZU VERSTEHEN, SONDERN ALS HINWEIS. JEDE KREUZWEGSTATION IN MEINEM WERK WAR AUCH EINE STATION IN MEINEM PERSÖNLICHEN LEBEN – IN MEINEM LEBEN ALS KÜNSTLER. ES IST EIN AUSDRUCK DAFÜR, WIE ICH GEARBEITET HABE. ICH WAR EIN PILGER BEIM MALEN.«

BARNETT NEWMAN
THE STATIONS OF THE CROSS, DÜSSELDORF 2003

1.STATION
DAS URTEIL
2005
FARBHOLZSCHNITT AUF BUCHBINDERLEINEN
173 X 116 CM

2.STATION
ENTSCHLOSSEN
2005
FARBHOLZSCHNITT AUF BUCHBINDERLEINEN
173 X 116 CM

3.STATION
ERSTER STURZ UNTER DEM KREUZ
2005
FARBHOLZSCHNITT AUF BUCHBINDERLEINEN
173 X 116 CM

4.STATION
ERSCHEINUNG DER MUTTER
2005
FARBHOLZSCHNITT AUF BUCHBINDERLEINEN
173 X 116 CM

5. STATION
SIMON VON CYRENE HILFT
2005
FARBHOLZSCHNITT AUF BUCHBINDERLEINEN
173 X 116 CM

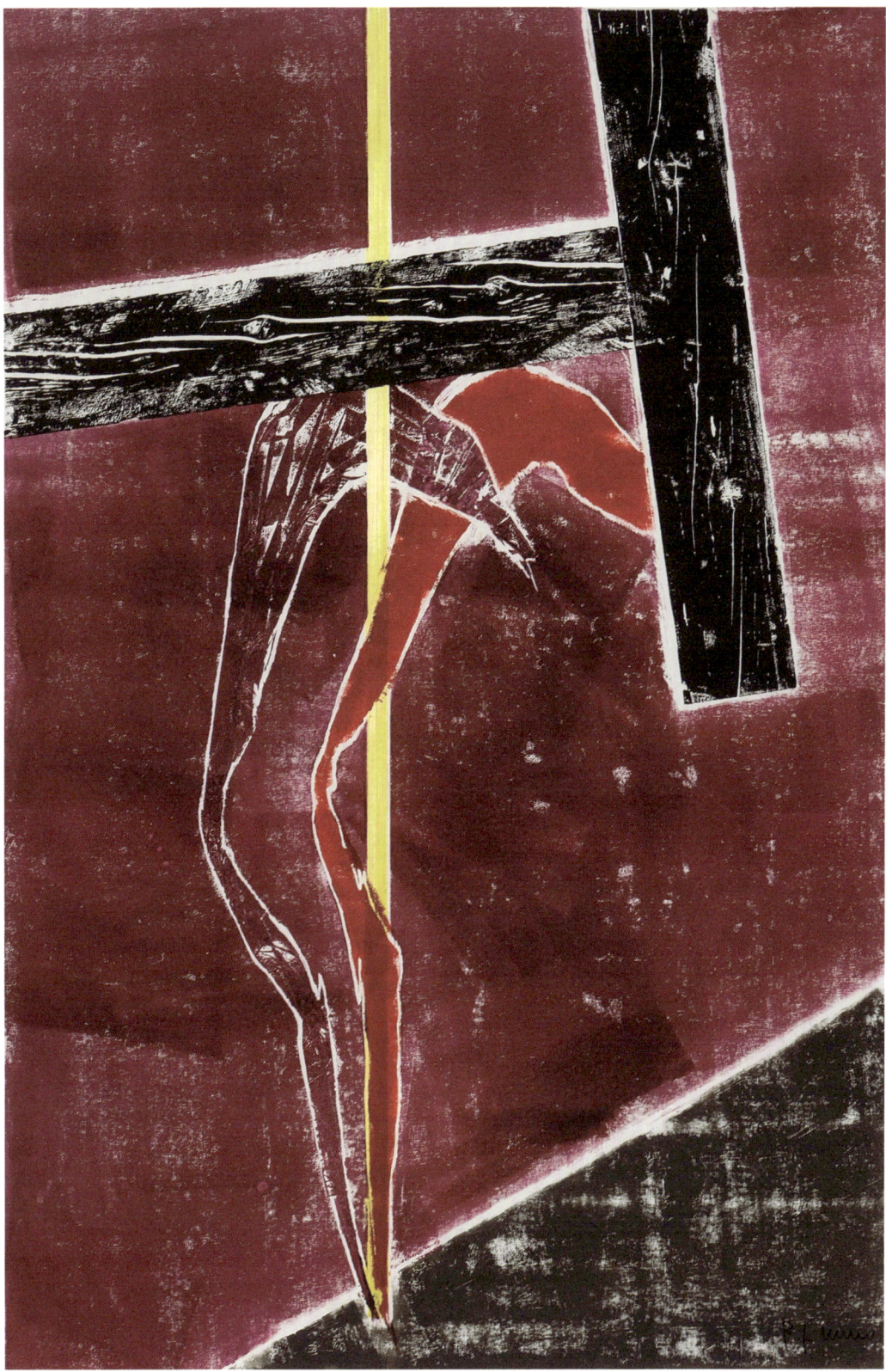

6. STATION
VERONIKAS SCHWEISSTUCH
2005
FARBHOLZSCHNITT AUF BUCHBINDERLEINEN
173 X 116 CM

7.STATION
ZWEITER STURZ
2005
FARBHOLZSCHNITT AUF BUCHBINDERLEINEN
173 X 116 CM

8.STATION
KLAGENDE FRAUEN
2005
FARBHOLZSCHNITT AUF BUCHBINDERLEINEN
173 X 116 CM

9.STATION
DRITTER STURZ
2005
FARBHOLZSCHNITT AUF BUCHBINDERLEINEN
173 X 116 CM

10.STATION
ENTKLEIDUNG
2005
FARBHOLZSCHNITT AUF BUCHBINDERLEINEN
173 X 116 CM

11. STATION
KREUZIGUNG
2005
FARBHOLZSCHNITT AUF BUCHBINDERLEINEN
173 X 116 CM

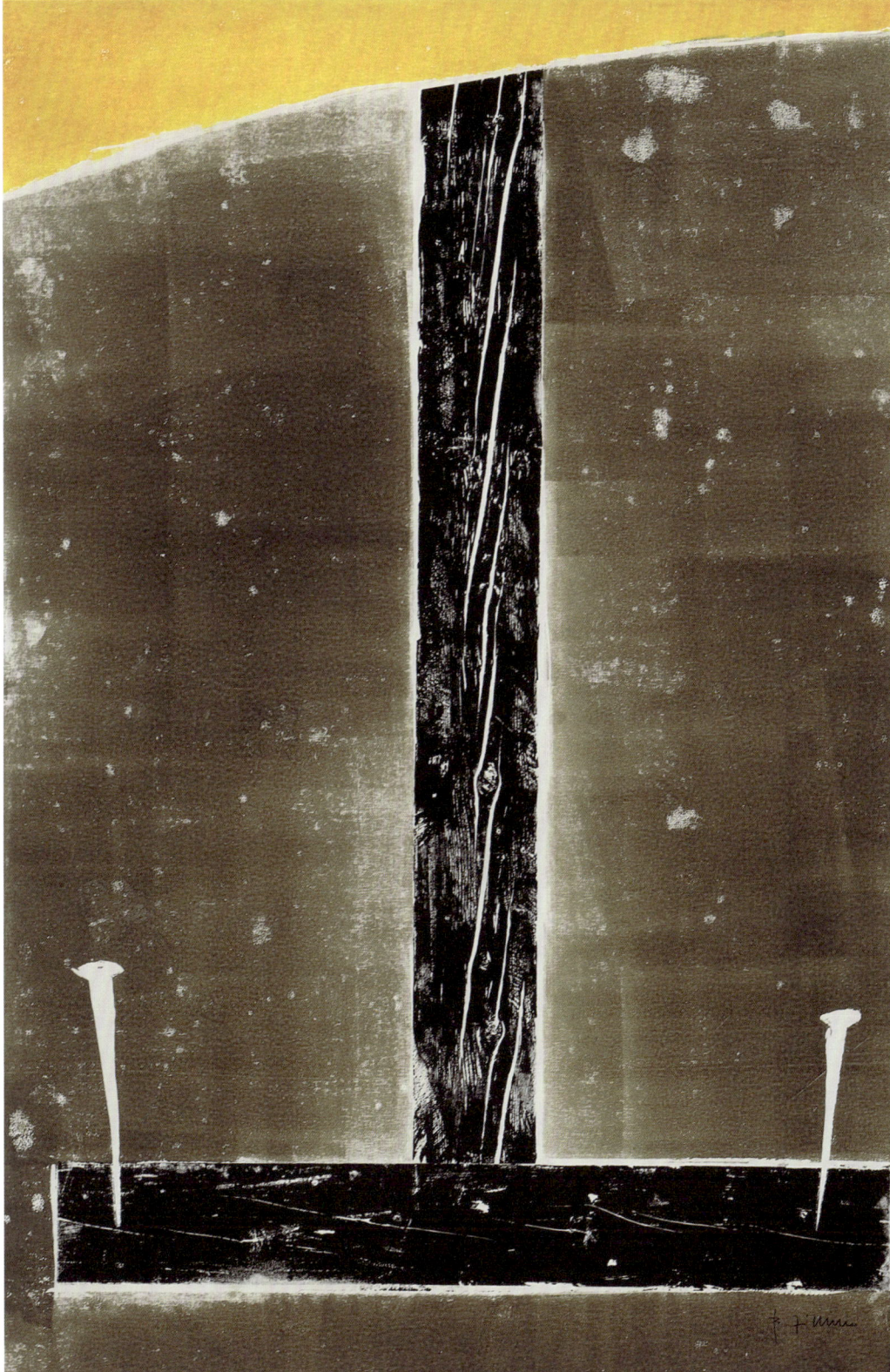

12.STATION
DER TOD
2005
FARBHOLZSCHNITT AUF BUCHBINDERLEINEN
173 X 116 CM

13. STATION
KREUZABNAHME
2005
FARBHOLZSCHNITT AUF BUCHBINDERLEINEN
173 X 116 CM

14.STATION
GRABLEGUNG
2005
FARBHOLZSCHNITT AUF BUCHBINDERLEINEN
173 X 116 CM

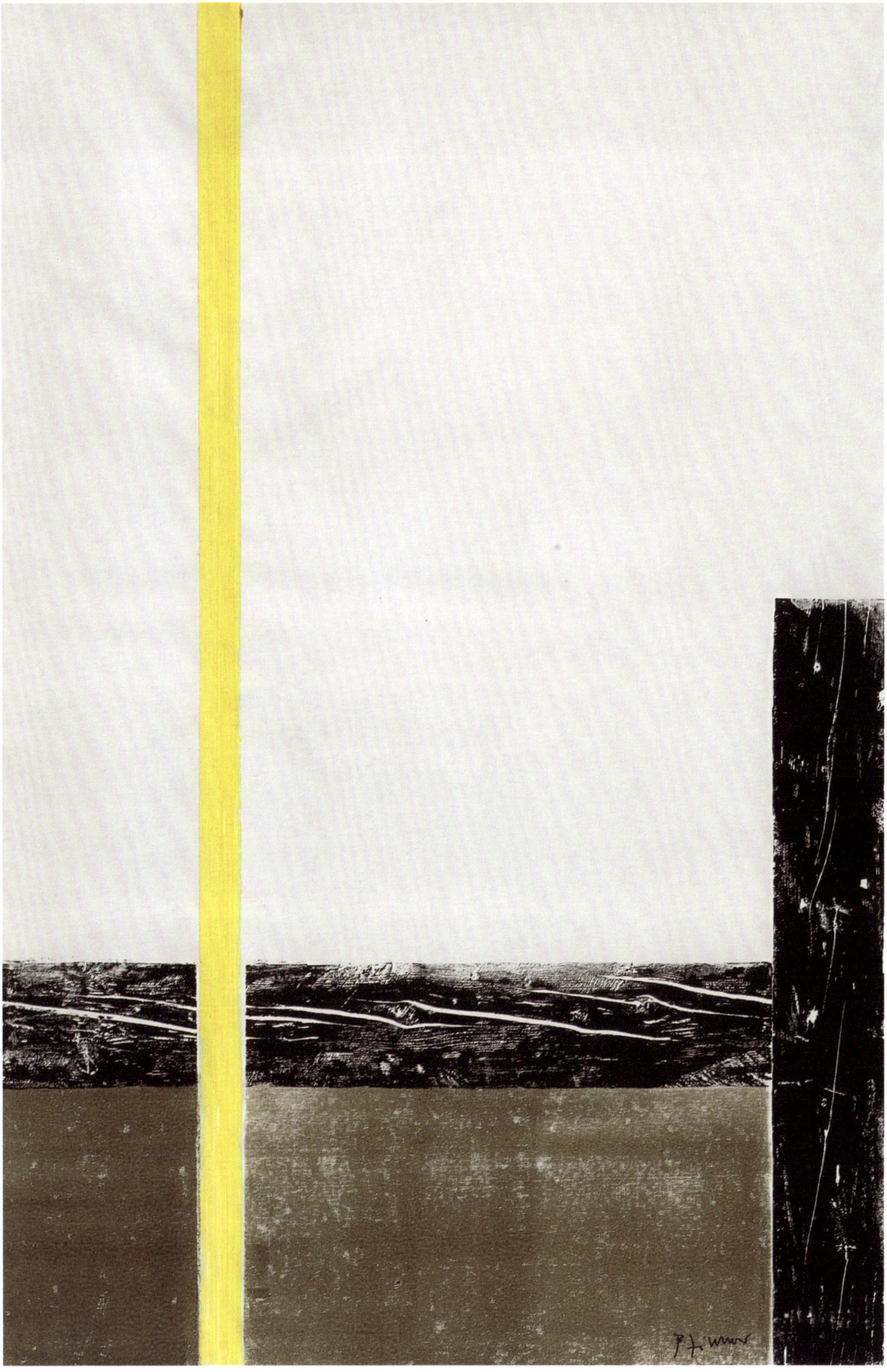

ANUSCHKA KOOS
VORWORT

Gegenwärtig liegen hinter Bernd Zimmer 30 Jahre künstlerischer Tätigkeit. In erster Linie Malerei, »Landschaftsmalerei«, wenn man diesen traditionellen Begriff nicht scheut. Seinen Motiven begegnet er auf zahlreichen Reisen, die ihn in die entlegensten Gegenden der Erde führen, etwa in die Wüsten Afrikas, auf die Marquesas-Inseln in der Südsee oder nach Karelien in Nordwestrussland. Seit acht Jahren kommen kosmische Landschaften hinzu, die sich naturgemäß nicht mehr auf vom Künstler selbst Gesehenes oder Erlebtes beziehen, sondern freie Vorstellungen kosmischer Welten entwerfen. Unabhängig davon, wo das Motiv seinen Ausgangspunkt nimmt, handelt es sich um Bilder, die den »gegenständlich sinnlichen Grund«, wie Zimmer sagt, oft nur noch erahnen lassen und dabei die Grenzen zur Abstraktion ausloten oder auch überschreiten. Ziel ist die Entwicklung einer weitgehend freien Malerei, der das gegenständliche Motiv nicht mehr und nicht weniger bedeutet als Anlass und Halt.

Heute, im Frühjahr 2006, sucht Bernd Zimmer nicht die Abgeschiedenheit und Einsamkeit der Wüste, sondern das Gedränge von tausenden Passanten in den U-Bahnstationen mitten in Berlin. Was er ihnen zeigt ist keine Malerei, sondern 14 großformatige mehrfarbige Holzschnitte, die auf papierkaschiertes Buchbinderleinen gedruckt sind und anstelle der üblichen Reklametafeln in Werbeleuchtkästen der U-Bahnstationen angebracht sind. Ihr Motiv ist nicht die Schönheit einer Landschaft, sondern die Leidensgeschichte eines Menschen, die Passion Christi. Den eindrücklichen Auftakt des Kreuzwegzyklus bildet »Das Urteil«, dessen bildbeherrschende schwarze Fläche mit ihrem Ernst auf die Tonart des zugrundeliegenden Themas einstimmt: In der Nacht von Gründonnerstag auf Karfreitag wird Jesus in der Gegend des Ölbergs östlich von Jerusalem verhaftet und dem amtierenden Hohepriester Kajaphas vorgeführt. Im Verlauf des unverzüglich geführten Prozesses wird er der Blasphemie für schuldig befunden und zum Tode verurteilt. Am folgenden Morgen liefert man ihn dem römischen Statthalter Pilatus aus, der widerstrebend den Befehl erteilt, Jesus zu geißeln und zu kreuzigen.

Der dunkle Bildhintergrund verweist auf die außerordentliche, eilig einberufene Nachtsitzung des Hohen Rates, Kreuz und Dornenkrone auf das darin beschlossene Urteil. Das Kreuz führt Zimmer bereits in diesem ersten Bild als Leitmotiv des

Zyklus ein, ohne dass es hier jedoch vollends sichtbar würde. In kräftigem Rot steht lediglich der Querbalken und der Ansatz des Kreuzstammes in der unteren Bildzone vor dem schwarzen Hintergrund. Durch dieses Detail changieren die Assoziationen zwischen Kreuzessymbol, dem Tisch des Richters im Prozess und dem Tisch des letzten Abendmahls, das der Passion unmittelbar vorausgeht.

Bernd Zimmer wählt nicht das übliche Lateinische Kreuz, sondern das griechische Taukreuz, bei dem die Senkrechte des Kreuzstammes von dem rechtwinklig aufliegenden Querbalken abgeschlossen wird. Hiermit stellt der Künstler das historisch Wahrscheinliche über die christliche Bildtradition, da man heute davon ausgeht, dass die Verurteilten damals nicht das gesamte Kreuz, sondern diesen oberen Teil des Kreuzes zu an der Hinrichtungsstätte fest verankerten Pfählen zu tragen hatten. Im Gegensatz zu den übrigen Farbflächen kennzeichnet eine deutlich sichtbare Holzmaserung dieses immer wiederkehrende Motiv und lässt es so nicht nur in formaler und farblicher, sondern auch in technischer Hinsicht hervortreten. Das vom Künstler nicht in die Druckplatte geschnitzte, sondern als selbständiges Objekt behandelte Holzkreuz erforderte einen separaten Druckvorgang. Es ließe sich denken, dass dieser dezidierten Betonung des organischen, gewachsenen Materials ein Hinweis auf den Lebensbaum zugrunde liegt, der in der christlichen Ikonografie eng mit dem Symbol des Kreuzes verknüpft ist.

Dem Kreuz tritt in der ersten Station ein weiteres Passionssymbol zur Seite, das jedoch in den folgenden Blättern nicht mehr aufgegriffen wird: eine mit der Motorsäge in den Druckstock geschnittene Dornenkrone. Dieses gewaltbetonende Zeichen rechts oben im Bild eröffnet eindrücklich Zimmers Kreuzweg, wobei durch die Krone hindurch eine schmale, leuchtend gelbe Senkrechte führt, die die gesamte Bildhöhe durchzieht. Als einziges Motiv ist sie nicht gedruckt sondern gemalt. Sieht man hierin ein rein formal-abstraktes Gestaltungsmittel, erklärt es sich als Referenz an die berühmten »Stations of the cross« des amerikanischen Künstlers Barnett Newman. Berücksichtigt man zudem eine metaphorische Ebene, führt Bernd Zimmer damit das Zeichen eines göttlichen Lichts in seinen Kreuzweg ein, das Licht der Erkenntnis, das später vor allem die Gestaltung der letzten Stationen bestimmen wird. Indem es durch die Dornenkrone hindurchführt, wird diese nicht nur zum Symbol der Verspottung und Erniedrigung, sondern zugleich zum Zeichen des Triumphes – das Todesurteil ist ein Göttliches.

Sieht, hört, versteht man eine solch komplexe bildliche Botschaft, wenn man von einer U-Bahn eilig in die nächste steigt, dabei an einen bevorstehenden Termin denkt, auf den man sich vielleicht nicht ausreichend vorbereitet hat, sich gleichzeitig darüber ärgert, dass man keinen Handyempfang hat und auch nicht weiß, wie man vor Ladenschluss noch rechtzeitig zum einkaufen kommen soll? Hat in einer solchen Situation ein Bild überhaupt eine Chance, das sich nicht in Sekundenschnelle selbst erklärt? Hat eine Geschichte eine Chance, die so unheilvoll beginnt? Hat eine Botschaft eine Chance, die über die persönlichen Höhen und Tiefen des Alltags so weit hinausgeht?

Bernd Zimmer will wissen, ob das möglich ist. An vollends säkularisierten, von Sinneseindrücken unterschiedlichster Art übervollen Orten wie U-Bahnhöfen installiert er einen Kreuzweg, dessen Rezeption üblicherweise in der Kirche stattfindet, an einem Ort der Stille, der Konzentration und Einsicht fördert, sei es in Bezug auf Gott, auf sich selbst oder auf Kunst. Er macht es sich und seinem Werk schwer, findet aber gerade dadurch einen zeitgemäßen Kontext für sein Thema und versteht es, die diesem Kontext eigenen Inszenierungsmöglichkeiten überraschend schlüssig mit der Dramaturgie des Kreuzwegs in Verbindung zu bringen.

Jene räumlichen und zeitlichen Erfahrungen, die dem Kreuzweg als imaginierte Pilgerfahrt zur Via Dolorosa, zum letzten Gang Jesu, innewohnen, lassen sich im Kirchenraum, wo seit der Wende vom 17. zum 18. Jahrhundert die meisten Kreuzwege zu finden sind, kaum vermitteln. Indem Bernd Zimmer aber die 14 Stationen an verschiedenen Orten auf vier unterschiedlichen U-Bahnhöfen verteilt, erobert sich sein Kreuzweg zurück, was ihm im Laufe der Geschichte abhanden gekommen ist. Die erhebliche Distanz zwischen den Kreuzwegstationen, der zurückzulegende Weg von einer zur nächsten, das Umherirren und Suchen, vielleicht auch die sich einstellenden Erschöpfung des Betrachters, all das macht Zimmers Kreuzweg sinnlich erfahrbar und damit – wollte man bei ihm missionarische Absichten vermuten – in hohem Maße »wirkungsvoller« als die übliche Kreuzwegandacht. Gesteigert wird diese Wirkung noch dadurch, dass die Leuchtkästen, in denen der Kreuzweg präsentiert wird, zunächst verhüllt werden. Am ersten Tag der Aktion ist lediglich die erste Station, »Das Urteil«, sichtbar, danach wird täglich das Bild der jeweils nächsten Station enthüllt. Selbst wenn sich die räumliche Distanz also überbrücken ließe, bliebe die Gesamtschau aller 14 Stationen bis zum letzten Tag unmöglich. Damit nimmt das Kunstwerk dezidiert Zeit in Anspruch, ebenso wie die darin geschilderte dramatische Geschichte.

Bernd Zimmer erzählt sie mit Hilfe eines bildnerischen Vokabulars, das gleichermaßen sparsam wie gezielt Zeichen und Symbole der christlichen Ikonografie aufgreift. Dabei handelt es sich zum einen um so allgemein bekannte und unzweideutige Hinweise wie das Kreuz oder die Dornenkorne, zum anderen um bildnerische Ausdrucksmittel, die auf einer abstrakten Ebene ihre Sprachfähigkeit unter Beweis stellen. Nicht zufällig charakterisiert Zimmer beispielsweise seine vierte Kreuzwegstation, die die Begegnung Jesu mit seiner Mutter Maria schildert, durch einen ultramarinblauen Hintergrund, der einerseits die beruhigende Wirkung dieser Begegnung farblich umsetzt, andererseits auf den in der christlichen Bildtradition stets blauen Umhang der Mutter Gottes verweist. Auch die im Zusammenhang mit einer religiösen Thematik traditionell zentrale Lichtmetaphorik, die von den Glasfenstern der Gotik über Rembrandt bis zu Barnett Newman die Kunstgeschichte durchzieht, greift Bernd Zimmer in seinem Kreuzweg auf, sei es in Form des gelben senkrechten Stahls, der den Hintergrund der meisten Stationen strukturiert, sei es in Form der ungewöhnlichen Präsentation seiner Arbeit in den Leuchtkästen der Berliner U-Bahnhöfe.

Der Abstraktionsgrad, auf dem sich Zimmers neue Arbeit bewegt, lässt sich – ohne selbstverständlich im eigentlichen Sinne messbar zu sein – in etwa mit demjenigen seiner Landschafts- und Kosmosbilder vergleichen. Obwohl hier eine an Personen durchaus reiche Begebenheit erzählt wird, verzichtet Zimmer im gesamten Zyklus so weit wie möglich auf die Darstellung der handelnden Figuren. Nur wenige der Menschen, die der Überlieferung zufolge Jesu Weg nach Golgotha begleiteten, finden Eingang in die 14 Bilder und – wenn doch – in stark abstrahierter Form. Insbesondere die Gestalt des Gottessohnes erscheint dem Künstler nicht darstellbar. An ihre Stelle tritt jene rote Form, die in der 2. Station eingeführt wird und den Kreuzweg bis zur 10. Station begleitet. Jesu blutende Schulter und sein rechter, das Kreuz tragender Arm oder auch der purpurfarbene Mantel, der ihm von den Soldaten als Zeichen der Verhöhnung umgehängt wurde (Markus 15, 20), ließen sich als Assoziationsbrücken heranziehen.

Mit einer solchen sich erst bei intensiver Beschäftigung erschließenden Bildsprache stellt Bernd Zimmer einen komplexen Inhalt in einem gleichermaßen kunst- wie kirchenfernen Kontext zur Disposition. Wie und bis zu welchem Grad dieser Inhalt rezipiert wird, entzieht sich naturgemäß dem Einfluss des Künstlers. Denn die Religion ebenso wie die Kunst und ihre Symbole sind bekanntlich nur ein Angebot.

EUGEN BISER
BERND ZIMMER: DER KREUZWEG

In seinem Kreuzweg hat Bernd Zimmer den letzten Lebensabschnitt Jesu von der Verurteilung durch Pilatus bis zur Grablegung als eine Chiffrenschrift gestaltet, die den Betrachter zur Lektüre auffordert. Wenn sie gelingen soll, muß zunächst geklärt werden, warum der Künstler im Unterschied zu den üblichen Darstellungen fast alle figürlichen Elemente ausgeschaltet und das blutige Geschehen auf das Kreuz zurückgenommen hat, das dadurch einen ungeheuren Symbolwert erlangt. Es ist vermutlich sein Bestreben, diese Symbolik herauszustellen und den Kreuzweg so als eine Schrift in Hinweisen und Zeichen lesbar zu machen.

1.
Alle Darstellungen schließen sich den Stationen des »Kreuzwegs« an, bis auf eine, die den Titel »Entschlossen« trägt. Sie bringt die Reaktion Jesu auf das im ersten Schaubild dargestellte Todesurteil zur Sprache. Demgegenüber imaginiert das erste Bild mit dem Titel »Das Urteil« die Wende von der grausamen Vorgeschichte zu der von Pilatus verfügten Hinrichtung. Von der vorangegangenen Misshandlung sind nur der Stab, mit dem dem Verurteilten die Dornenkrone aufs Haupt geschlagen wurde, und diese zu sehen, während das Kreuz wie eine blutige Drohung aus der Tiefe aufsteigt.

2.
Mit »Entschlossen« bringt der Künstler zum Ausdruck, dass das Leiden für Jesus nicht nur qualvolles Widerfahrnis, sondern zugleich höchste Aktion ist. Deshalb bricht aus dem aufgerichteten Kreuz eine Flamme hervor. Das Bild erinnert an den Bericht der Johannespassion, wonach der durchbohrten Seite Jesu »Blut und Wasser« entströmten (Joh 19,34), auch dies ein Hinweis auf die im Leiden Christi verborgene Aktivität.

3.
Im nächsten Bild beschreibt der Zyklus den ersten Sturz Jesu unter der Last des Kreuzes. Jetzt erscheint das Kreuz erstmals in seiner ganzen Wucht im Zentrum der Darstellung. Es ist das zentrale Symbol des Geschehens, das deshalb auch diesem den Namen – Kreuzweg – gibt. Eine Blutspur zieht sich von seiner Mitte nach unten, die niemand auffängt und die im Sand verrinnt.

4.
Das ruft die Mutter auf den Plan, die nur als weißes Feld in Erscheinung tritt, dafür aber durch einen blutroten Streifen, Symbol ihres das Kreuz nur tangential berührenden und von da an auf sie zurückfallenden Schmerzes. Soll das heißen, dass auch die Mutterliebe nicht an den Kreuzträger herankommt, und dass das Kreuz für den Verurteilten eine Last bleibt, die ihn noch wiederholt niederzwingt?

5.
Bevor es dazu kommt, zeigt sich zweimal das Mitleid. Das erste Mal in Gestalt des Symon von Cyrene, der auf seiner Rückkehr vom Feld, wo er Bitterkräuter für das Paschamahl einholte, vom Hinrichtungskommando gezwungen wird, Jesus das Kreuz abzunehmen. Unwillkürlich entspricht das dem Verlauf der Blutspur, die nun immer deutlicher als Symbol Jesu lesbar wird.

6.
Ein zweites Mal nimmt sich das Mitleid in Gestalt der durch ihr Schweißtuch symbolisierten Veronika des Herrn auf seinem Todesweg an. Die als Symbol Jesu begriffene Blutspur schlingt sich um das Kreuz, ganz so, als kehre sie zu sich zurück, nachdem sie sich dem Schweißtuch eingeprägt hatte.

7.
Umso schrecklicher ist der im folgenden Bild geschilderte zweite Sturz. Es ist sein Absturz in den Abgrund der Einsamkeit. Keine Hand rührt sich, oder wäre auch nur da, um ihm aufzuhelfen. Nur der durch den Lichtstrahl symbolisierte Vater weiß um seine Not, während alle, die ihn bisher quälten oder ihm tröstend und helfend beigestanden haben, wie ausgelöscht sind.

8.
Jetzt aber nahen sich im nächsten Bild die weinenden Frauen, die ihm (nach Lk 23,27) die im Orient heute noch übliche Totenklage halten. Im Gegensatz zur vorangehenden Vereinsamung hüllen sie ihn jetzt wie stehende Leichentücher geradezu ein, während die rote Blutspur ihre Zuwendung mit seinem Dank beantwortet. Gleichzeitig überwächst das aufgerichtete dunkle Kreuz drohend und wegweisend für das Kommende die ganze Szene.

9.
Bevor es dazu kommt, bricht Jesus zum dritten Mal unter der Last des Kreuzes zusammen. Mit seiner ganzen Wucht schlägt es ihn zu Boden. So symbolisiert es die Erniedrigung, die seiner »Erhöhung« vorangeht. »Wenn er aber hinaufstieg«, fragt der Epheserbrief, »was bedeutet das anderes, als daß er zuvor hinabstieg in die Niederungen der Erde?« (Eph 4,9) Freilich ist das für den Brief dann auch die Voraussetzung für den folgenden Aufstieg, der sich ebenso auf seine Aufrichtung am Kreuz wie auf seine Verherrlichung als »Erhöhten« bezieht, der »bis zum höchsten Himmel emporstieg, um das All zu erfüllen« (Eph 4,10).

10.
Es folgt die schauerliche Szene seiner »Entkleidung«. Drohend liegt das Kreuz als letzte Ziel- und Ruhestätte am Boden. Er aber erhebt sich, selbst zum nackten Kreuz geworden, in den nächtlichen Himmel. Bevor ihn die Nägel durchbohren, ist er von den Blicken der schamlosen Gaffer stigmatisiert und ans Kreuz geschlagen worden. Und in ihren Blicken ballt sich auch schon der Haß zusammen, der ihm die Tortur der Kreuzigung antut.

11.
Was die Blicke der Schamlosen ankündigen, vollzieht die Brutalität der Henker: sie schlagen den, der so viele Leiden gelindert und so vielen Hilflosen die heilende Hand aufgelegt hat, erbarmungslos ans Kreuz. Die Sprache dieses Bildes ist nur vom Rand her illustrativ, vor allem aber invasiv und performativ. Denn die Nägel bohren sich ebenso wie in die Hände des Gekreuzigten in das Herz des Betrachters hinein; mit seinem Herzen muß er die Last des Gekreuzigten tragen.

12.
In dem Bild, das den Tod Jesu auszuleuchten wagt, erhebt sich das hellstrahlende Kreuz in einer von ihm durchhellten Nacht über dem Kosmos am unteren Bildrand, der als das dunkle Reich des Todes kenntlich gemacht ist. Nichts mehr von der Grausamkeit der Henker, dem Haß der Gegner und der Liebe der klagenden Frauen. Vom Chor der Umstehenden hört man nur das Wort des die Exekution befehligenden Hauptmanns: »Wahrhaftig, dieser Mensch war Gottes Sohn!« (Mk 15,39). Und von den Äußerungen dessen, der wie kein anderer des Wortes mächtig war, nur noch den wortlosen, dafür aber in seiner Bedeutungsvielfalt vernehmbaren Todesschrei. Doch auch dieser ist eingeschmolzen in das in seiner Herrlichkeit erstrahlende Kreuz, das in seiner strahlenden Lichtfülle den Sieg dessen verkündet, der durch seinen Tod die Todesgewalt überwunden und das Herz des Gottes der bedingungslosen Liebe erschlossen hat.

13.
Eine mit dem Kreuz verkoppelte Leiter verdeutlicht die Kreuzabnahme. Auf ihr kehrt der so qual- und glanzvoll Erhöhte wieder auf die Erde zurück, von der er auf so doppelsinnige Weise »erhöht« worden war. Aber auch dieser Schlussakt seiner Passion ist, entgegen dem äußeren Anschein, von Aktivität erfüllt. Denn er bringt von seiner Erhöhung alles mit, was er durch sie bewirkt hatte. Dort, auf dem Gipfel seines Aufstiegs, hatte er an das Herz Gottes gerührt und seine Liebe für die Welt erschlossen. Dort hatte er sich zugleich Gott übereignet, und mit sich alle, die »lebenslang das Joch der Todesfurcht zu tragen haben« (Hebr 2,15). Und dort hatte er den vorweggenommenen Tod, die Angst, überwunden und den Seinen das Tor zu einem angstfreien Leben erschlossen.

14.
Alles spricht für die endliche Ruhe nach dem ausgestandenen Leid. Und davon

spricht auch das liegende, abgelegte Kreuz, mit dem die ausgestandene Qual überstanden zu sein scheint. Doch dem widerspricht der goldene Strahl, der sich durch das Fußende des Kreuzes in die Erde bohrt und zugleich zum Himmel emporsteigt. Und das heißt: was in alledem ausgeklungen ist, war ebenso Ende wie Anfang. Das Ende eines Lebens, das sich wie kein anderes für Gott und seine Sache verzehrte, aber auch der Anfang der Wirkungsgeschichte, die damit einsetzte. Denn das wahre Schlusswort sprach Gott zu dieser Leidensgeschichte im Ereignis der Auferstehung. Nur weil er auferstanden und als Fortlebender vielfach bezeugt worden ist, wissen wir durch die Botschaft seiner Zeugen um das, was er war, wollte, lehrte und wirkte. In seiner von diesem Schlußbild dargestellten Grablegung fiel, seinem Wort zufolge, das Weizenkorn in die Erde, das seither nicht aufhört, zu wirken und die Welt zu verwandeln (Joh 12,32).

KREUZWEG
FRIDOLIN HAUGG IM GESPRÄCH
MIT
BERND ZIMMER
18. JANUAR 2006

Fridolin Haugg:
Wie sind Sie auf das Thema Kreuzweg gekommen? Warum haben Sie einen Kreuzweg geschaffen?

Bernd Zimmer:
Kreuzwege haben mich schon seit meiner Kindheit interessiert. Ich bin in Planegg bei München großgeworden und habe mit meinen Eltern oft Spaziergänge zu dem bekannten Kreuzweg der Kirche Maria Eich gemacht, der mich sehr fasziniert hat – ebenso wie das Kloster Andechs. Wenn man dort in Richtung Osten schaut, erblickt man eine kleine Anhöhe mit einem wunderbaren Kreuzweg, den man abwandern kann, bevor man sich auf dem heiligen Berg mit einer Maß Bier beglückt.
Erstmals habe ich 1990 ganz konkret über die künstlerische Umsetzung des Kreuzwegs nachgedacht: Mein italienischer Nachbar ist Pfarrer einer kleinen Kirche, für die ich einen Kreuzweg malen wollte. Leider habe ich das bis heute nicht geschafft. Meiner sonstigen Arbeitsweise folgend wollte ich den Kreuzweg auf Leinwand malen, doch je intensiver ich mich mit der Thematik beschäftigte, umso überzeugter wurde ich, dass man einen Kreuzweg anders gestalten sollte: Entweder man malt ihn auf Metall oder Holz oder weitet ihn ins Dreidimensionale zur Skulptur aus. Wie gesagt, die Entscheidung für die italienische Dorfkirche steht noch aus.
Vor anderthalb Jahren traf ich im Berliner Literaturhaus den Kunsthistoriker Wolf-Günter Thiel, der mir vorschlug, in Zusammenarbeit mit der Werbefirma VVR-Berek in Berlin ein ungewöhnliches Projekt zu realisieren: Kunst – statt wie gewohnt Werbung – in sogenannten City Lights-Werbekästen im öffentlichen Raum zu präsentieren. Ich wusste sofort: Hier musst du einen Kreuzweg zeigen! Mich reizte nicht nur die enorme Öffentlichkeit, die weit über die normale Kunstbetrachtungsweise hinausgeht, sondern besonders die ungewohnte Präsentationsform der Durchleuchtung. Ich habe mich über ein Jahr lang damit beschäftigt und den Kreuzweg so gestaltet, dass er auch in Leuchtkästen funktioniert. Er ist als Holzschnitt auf ein Material gedruckt, das gut durchscheint. Der Druckstock ist mit der Motorsäge – wie ein Relief – bearbeitet. Das Kreuz aus massivem, gealtertem Holz – wie ein Objekt – wurde dem jeweiligen Druck als Holzstruktur eingefügt.

Fridolin Haugg:
Das Thema hat Sie seit Ihrer Kindheit, seit Ihrer Jugend beschäftigt. Warum hat Sie dieses Thema beschäftigt? Es ist ja ein religiöses Thema, das Thema einer Weltreligion – die Passion ist ein Wesensbestandteil der christlichen Religion. Warum gerade dieses Thema Kreuzweg?

Bernd Zimmer:
Ich bin als Protestant in Bayern aufgewachsen. Der Kreuzweg gehört nicht in die protestantische Kirche, er ist eine urkatholische Geschichte. Ich habe damals nicht verstanden, warum die Protestanten im Gegensatz zu den Katholiken das Kreuz nicht so dargestellt sehen wollen.
Als Kind beschäftigt einen die bildliche Darstellung, wie und was ein Mensch von der Verurteilung bis zum Sterben auf dem Berg Golgatha erlebt. Es wird zum Bild oder Sinnbild für das, was man im Religionsunterricht erzählt bekommen, in der Bibel gelesen oder in der Kirche gehört hat.
Warum ich das Thema Kreuzweg heute aufnehme – es ist wohl mein Gedächtnis, das sich meldet und das ich als religiös erzogenes Kind mit mir herumtrage. Darüber hinaus habe ich später in Berlin bei Klaus Heinrich Vergleichende Religionswissenschaften studiert und mich seitdem mit christlicher bzw. religiöser Thematik auseinandergesetzt. Was ich aus dem Kreuzweg gemacht habe, ist eine Art Quintessenz, wie ich über christliche Religion denke. In meinem Kreuzweg steht nicht das Leiden im Vordergrund, sondern die konstituierende Kraft einer neuen Religionsvorstellung. Der Kreuzweg muss sein, damit verstanden wird, wie ein Mensch – oder besser – Jesus als menschliches Wesen durch den Tod zu einer göttlichen Gestalt wird. Das Leiden Jesu, seine Zweifel oder Anfechtungen als Mensch – auch das ist der Kreuzweg: »Mein Gott, mein Gott, warum hast du mich verlassen?« – Durch die Grablegung wird angedeutet, dass er auferstehen wird und als Seele oder geistiges Wesen in den Himmel aufsteigt. Vor diesem Geschehen, vor seiner Verurteilung, seinem Leidensweg und seinem Ende versuchte er, die jüdische Religion als Messias zu erneuern. Durch seine Verurteilung und den Tod am Kreuz entsteht christliche Religion.

Fridolin Haugg:
Wie wird dieser religiöse Deutungsversuch vom Künstler im Werk gezeigt? Wie stellt er diese Interpretation, dass eben diese Lehre Jesu zur Weltreligion geworden ist, ästhetisch dar?

Bernd Zimmer:
Die wirklichen Höhepunkte des Kreuzwegs sind ja nicht die Stürze, das Erleiden der Qualen und die Begegnung mit seiner Mutter. Das alles muss geschehen, damit er auf dem Berg, auf der Schädelstätte, auf Golgatha ankommt. Er hat den Querbalken hochgetragen, er hat gelitten, er wird gekreuzigt und er muss sterben. Er ist immer auch noch Mensch. Vor der Kreuzigung werden ihm auch noch die Kleider weggenommen, er ist nackt, hängt nackt am Kreuz und stirbt.

Dieser Moment des Sterbens wird in den Bibeltexten als erschütterndes Drama mit Weltuntergangsstimmung, Blitz und Donner dargestellt. Ein Versuch, diesem Tod große Dramatik zu verleihen. Es ist der Sterbensmoment selbst, der die Erkenntnis vermittelt: Hier stirbt jemand, dadurch wird eine neue Religion begründet. Etwas sehr Helles und Strahlendes. Im Evangelium wird beschrieben, wie auch die Ungläubigsten plötzlich merken: Etwas Großes ist geschehen. Auch für die Mitleidenden findet Erkenntnis statt.
Im Augenblick des Sterbens Jesu wird das Kreuz strahlend weiß, es erleuchtet in eigener Strahlkraft. Das ist keine Verherrlichung dieses Geschehens, sondern die Stunde der Erkenntnis, die Geburt einer Weltreligion, die eigentlich erst Ostern mit der Auferstehung gefeiert wird. In meinen Augen dominiert nicht das Leiden, sondern...

Fridolin Haugg:
die Verwandlung ...

Bernd Zimmer:
... die Verwandlung, die sich vor uns ereignet, damit es zu einer Erhellung und Erhebung der menschlichen Existenz kommt.

Fridolin Haugg:
Auf Ihrem Kreuzweg sieht man immer wieder diesen Lichtstrahl, und dieser Lichtstrahl ist offensichtlich ein Ausdruck oder ein Bild für den Einbruch oder die Erscheinung des Göttlichen.

Bernd Zimmer:
Genau. Wir sehen den Vorhang, der sich ein wenig öffnet, und die Hintergrundstrahlung, die sich während der Passion ereignet. Im Vordergrund erblicken wir den Sturz Jesu oder die Begegnung mit seiner Mutter – hinten leuchtet schon das Göttliche, der göttliche gelbe Strahl; der Vorhang muss nur noch aufgehen. Aber Jesus muss alles durchschreiten. Dieser gelbe Strahl wandert hinter dem Kreuz, nach links, nach rechts; dann verschwindet er, um neu zu erscheinen.
Er ist aber gleichzeitig ein Hinweis auf den Kreuzweg des amerikanischen Künstlers Barnett Newman. Sein Kreuzweg ist über einen mehrjährigen Zeitraum entstanden. Ich weiß nicht, warum auch er vierzehn Stationen genommen hat. Es wird wohl ein Hinweis auf den christlichen Kreuzweg sein. Newman hat ihn auf seinen Leidensweg als Künstler und den Leidensweg des produktiven, kreativen Menschen bezogen. Ich nehme an, Barnett Newman weist auf ein metaphysisches Prinzip hin.

Fridolin Haugg:
Barnett Newman hatte eine ausgeprägte Affinität zu den Themen der Religion. Ein Prinzip von ihm lautete wörtlich: »Art must become a metaphysical exercise« (Kunst muss eine metaphysische Übung werden). Das heißt, Kunst zeigt, dass in

die Physis und die Geschichte das Göttliche einbricht. Und dieses Göttliche – Sie nennen es auch das Sacrum – zeigen Sie im Kreuzweg durch diesen Lichtstrahl. Und dieser Lichtstrahl oder dieses Licht ist auch in vielen anderen Arbeiten von Ihnen zu sehen, in den Cosmos-Bildern, in den Landschaftsbildern, die Naturprozesse darstellen, in denen energetische Strukturen, Gesetzmäßigkeiten gezeigt werden.

Bernd Zimmer:
Licht ist in meinen Bildern bestimmend. Farbe hat sehr viel mit Licht zu tun und funktioniert nur mit Licht. Nachts leuchten keine Farben. Vielleicht ist die blaue Nacht in Wirklichkeit schwarz. Man muss Licht machen, um das Blau zu sehen oder um Farbe zu erkennen. Das gilt auch für meinen Kreuzweg. Er wird von hinten durchleuchtet, er erhält von hinten klares weißes Licht. Weißes strahlendes Licht ist ja eigentlich das, wie Göttlichkeit oder Auftritt von Göttlichkeit in allen Mythologien beschrieben wird. Auch bei Betrachtung der iranischen oder indischen Mythologie sehen wir das Auftreten des Göttlichen mit Licht verbunden. Oder mit Gegenlicht: Man sieht nicht, was das Göttliche ist. Die Geburt Jesu und ihre Verkündung sind in den Evangelien von gleißendem Licht erfüllt, vom Licht der Engel und vom Licht des Heiligen Geistes –, von einer überirdischen Strahlung von Göttlichkeit.

Vielleicht steckt in allen Mythologien ein Urwissen, dass die Welt in so einem gleißenden, energiereichen Licht entstanden ist. Hinter unserer Galaxie leuchtet die Hintergrundstrahlung. Ohne Licht keine für das Leben notwendige Strahlungsenergie.

Fridolin Haugg:
Feuer und Licht sind Metaphern für das Erscheinen des Göttlichen. In der Genesis ist das Licht eine der ersten Schöpfungstaten Gottes. Im brennenden und doch nicht verbrennenden Dornbusch nimmt Mose den zu ihm sprechenden Gott wahr. Auf dem Berg der Verklärung wird Jesus vor den Aposteln verwandelt. »Seine Kleider wurden strahlend weiß, so weiß, wie sie auf Erden kein Bleicher machen kann« (Markus 9,3). Die Gestalt des Engels am Grab leuchtet wie ein Blitz, und sein Gewand ist weiß wie Schnee (Matth. 28,3).

Auf Ihrem Kreuzweg sehe ich, wie der Lichtstrahl senkrecht von oben auf das Kreuz fällt. Licht als Prädikat des Göttlichen. Der Apostel Paulus schreibt, Gott wohne in unzugänglichem Licht; kein Mensch habe ihn gesehen oder vermöge ihn je zu sehen (1 Timotheus 6,16).

Bernd Zimmer:
Licht als Erscheinungsform sakraler Transformation, als Elevation in den Bereich des Göttlichen – wenn Maria in den Himmel aufsteigt, entsteht gleißendes Licht, und um sie herum leuchten Sterne auf. Sie steht in einem Sternenkranz.

Fridolin Haugg:
Die Hauptintention Ihres Kreuzweges ist der Weg der Lehre und des Lebens Jesu zur Weltreligion. Dabei spielt das Licht als Metapher auf diesen Holzschnitten eine zentrale Rolle.
Andererseits, glaube ich, ist das Kreuz ja auch Zeichen des Leidens und Mitleidens. Der Betrachter kann auch zur Wahrnehmung der Compassion geführt werden, der Compassion mit dem leidenden Jesus, aber auch zur Compassion mit den Mitmenschen, mit allen Kreaturen, mit der gesamten Natur.

Bernd Zimmer:
Das Kreuz hat ursprünglich auch etwas mit dem Lebensbaum zu tun. Das Kreuz als Lebensbaum weist darauf hin, dass es ein Lebewesen ist beziehungsweise war, an das Jesus geschlagen wird. Caspar David Friedrich hat das sehr gut dargestellt, indem er aus dem Kreuzesstamm Triebe kommen lässt. Da schwebt Jesus über einer waldigen Landschaft, unten an seinem Kreuz sprosst es schon wieder, ein Hinweis auf das ewige Wiederkehren von Leben und Tod.
Das Kreuz war wohl auch eine Form des Galgens. Auf Golgatha waren die tragenden Pfähle des Kreuzes fest installiert, und Jesus hat höchstwahrscheinlich nur den Querbalken hochgeschleppt. Auch der ist schwer genug. Dass er das gesamte Kreuz – Pfahl und Querbalken – geschleppt hat, ist eine Idee, die erst im 4. oder 5. Jahrhundert entstanden ist. Wie auch immer – ich habe für meinen Kreuzweg diese Kreuzkonstruktion genommen. Es ist das griechische Kreuz.

Fridolin Haugg:
Das griechische Kreuz – das T-Kreuz, das Taukreuz.

Bernd Zimmer:
Das griechische Kreuz, die Urform. Das christliche Kreuz hat oben diesen kleinen Überstand, darauf wurde der Kreuzestitel JNRI befestigt, der Hinweis auf den Schuldspruch. Das habe ich weggelassen.
Meine Darstellungsart nimmt Jesus nichts von seinem Leiden. Er musste verurteilt werden. Auch das ist eine spannende Geschichte: Warum wurde er verurteilt, warum musste er geopfert werden? War er Revolutionär? Es gibt viele Deutungen. Auch was den Verräter betrifft, der offensichtlich enttäuscht war. Angeblich war Judas Terrorist und Freischärler, der sich gegen die römische Besatzung organisiert hatte und Jesus deswegen verraten hat, weil er in seinen Augen konterrevolutionär war und Judas aus seiner Gruppe verstoßen hat, da er ihm zu radikal war.
Und warum wurde er zur Kreuzigung verurteilt? Die Kreuzigung war eine rein römische Hinrichtungsform. Warum wurde er dann als Jude gekreuzigt? Wenn die Juden ihn selber verurteilt und hingerichtet hätten, hätte er eigentlich gesteinigt werden müssen. Er ist aber gekreuzigt worden, weil das Land der Juden unter römischer Besatzung stand und Pilatus sich wohl zu dem Schritt der Verurteilung bereit erklärt hat, um einen Aufstand zu vermeiden. Da gibt es viele Möglichkeiten

der Interpretation, die im Grunde genommen nicht relevant sind. Das sind Versuche, Realismus zu erzeugen. Grundsätzlich geht es darum: Nur dadurch, dass er verurteilt wird, den Leidensweg geht, stirbt, kann er ins Grab gelegt werden und dann auferstehen. Es ist der Schritt vom Menschen Jesus durch Leiden und Sterben zum göttlichen Wesen; die logische Folge ist die Auferstehung. Die mannigfaltigen Geschichten zu den Lebensumständen sind nur Versuche, die Grundlage einer Mythologie abzubauen. Jesus hat gelebt, davon gehen wir aus. Man kann diese Geschichte nachvollziehen und auch glauben, dadurch ist man Christ. Es bleibt aber eine gewisse Skepsis. Wann ist das Evangelium aufgeschrieben worden? Der zeitliche Abstand zum Geschehen wirft Gedächtnisprobleme auf.

Fridolin Haugg:
Das Evangelium, das den Ereignissen am nächsten steht, ist das von Markus. Die erhobenen Beschuldigungen sind konkret: Jesus bekennt sich als Messias. Er ist gegen die herrschende Auslegung der Thora, gegen die Religionsdeutung der bestimmenden Priesterkaste der Sadduzäer.
Die entscheidenden Gründe für die Verurteilung waren wohl, dass Jesus auf dem Fundament des Alten Testaments, der Thora, beispielsweise durch die Bergpredigt oder das Gleichnis vom hilfsbereiten Samariter eine Erneuerung der Lehre und der praktischen Ethik gebracht hat; dass er mit radikalem sozialen Engagement gegen das Establishment reiner Ritualisierung gekämpft hat; dass diese Priesterkaste wegen Gotteslästerung Jesu Verurteilung und Hinrichtung von der römischen Besatzungsmacht gefordert hat.

Bernd Zimmer:
Genau. Die jüdische Religion hat sich vor und während der Lebenszeit Jesu stark verändert. Sie wurde von einer mythologischen Religion zu einer Gesetzesreligion. Die Thora war plötzlich das oberste Gesetz, und es waren Priester, die das Judentum stark veränderten. Jesus wollte die ethische Fundierung stärker in den Vordergrund rücken. Er war Rabbi, hatte Schüler und viele Anhänger, das hat der herrschenden Klasse offenbar nicht gepasst. Sie forderte Jesu Verurteilung und Hinrichtung.

Fridolin Haugg:
Die Hinrichtung wurde nach den Aussagen der Evangelien gefordert.

Bernd Zimmer:
Sie wurde nach der Überlieferung von den Hohenpriestern gefordert. Diese Feststellung durfte und darf natürlich nicht zum Auslöser antisemitischer Mentalität und Verfolgung werden.

Fridolin Haugg:
Der katastrophale Fehler in der Geschichte war, dass man diese Forderung verallgemeinert hat, dass man praktisch das ganze Volk der Juden zum Sündenbock

gemacht hat, bis hin zum Holocaust im 20. Jahrhundert. Die Zusprechung von Kollektivschuld ist ein Akt der Inhumanität und Unchristlichkeit. Kirche und Judentum begegnen sich nach 2000 Jahren unheilvollem Antisemitismus im freundschaftlichen Dialog. Martin Buber nannte den Nazarener seinen großen Bruder, dessen Ziel das vollkommene Zusammenleben der Menschen gewesen sei. Pinchas Lapide schrieb, das Christentum sei die einzige Weltreligion, deren Stifter zeitlebens einer anderen Religion angehört habe (SZ vom 20./21.12.1986, Nr. 292).
Um noch einmal auf Ihre Kreuzweg-Bilder zurückzukommen: Was mich fasziniert, ist die Verbindung von Passion, Leidensweg, Tod mit dieser großartigen Tiefenperspektive, mit dem Einbruch des Göttlichen, mit der Transformation oder der Verwandlung des Todes. Wie Sie sagten, wollen Sie ästhetisch zeigen, wie diese Lehre zur Weltreligion geworden ist. Wenn man diesen Vorgang noch einmal begrifflich formuliert, dann ist es wohl die Einheit von Lehre und Leben in der Person Jesu, auch im Widerstand, bis zum Leiden und Sterben. Um einen Vergleich zu wagen: Ich sehe hier trotz großer Unterschiede ein sokratisches Element. Auch Sokrates wurde zum Tode verurteilt. Warum? Weil er die Jugend verderbe, weil er neue Götter lehre. Er ist nicht geflohen, er hat seinen Tod akzeptiert. Und in seiner Abschiedsrede – im platonischen Dialog »Phaidon« – verleiht er der Hoffnung Ausdruck, dass es nach diesem irdischen Leben eine Form des geistigen, des seelischen Lebens gebe. Nicht umsonst wurde, so glaube ich, die platonische Lehre von den Christen übernommen und philosophisches Fundament dieser Weltreligion. Der philosophische Logos (Wort, Vernunft, Geist, Idee) verband sich mit dem theologischen Logos. Am Anfang war das Wort, der Logos, schreibt Johannes.

Bernd Zimmer:
Genau. Wann, wo, an welchem Punkt kann überhaupt Erkenntnis stattfinden? Für mich ist es der Moment des Todeseintritts. Jesus wusste, dass er sterben muss, er kannte den Plan. Es ist schrecklich, dieses menschliche Leid zu durchleben. Und das hängt mit unserem Leben zusammen. Man denkt rational: So kann ich mein Leben gestalten. Aber man hat einen Körper, der oft nicht so will, wie man denkt. »Der Geist ist willig, aber das Fleisch ist schwach.« Man wird älter und Leiden stellen sich ein, oder man wird sehr früh von einer schweren Krankheit heimgesucht. Alles ist Leiden. Man denkt und sagt sich mit klarer Erkenntnis: Ich muss sterben, es ist klar, dass ich sterben muss. Und trotzdem leidet man. Man muss leiden, auch für andere mitleiden, wie auch Jesus leiden musste, um physisches Leid zu überwinden. Das muss man glauben können oder wollen. Im Buddhismus und in vielen anderen Religionen gibt es Ähnliches oder Vergleichbares.

Fridolin Haugg:
Ja. Im Buddhismus die Erkenntnis der leidvollen Existenz angesichts von Krankheit, Alter und Tod; das Mitfühlen, das Mitleiden, die Liebe zu allen Wesen, die Erlösung im Nirwana.

Bernd Zimmer:
Es gibt in vielen Lehren etwas Ähnliches, nur nicht im hedonistischen Materialismus. Im Materialismus befangen, will man das Leben in einer Art Spaßgesellschaft hinter sich bringen; nur so hat man gut gelebt, und danach kommt das Leid – und mit dem kann man gar nichts anfangen, wie auch mit dem Alter.

Der Logos trägt den nach Lust strebenden, aber auch leidvollen Körper mit sich. Diese Erkenntnis bezeichnet gleichzeitig ein Problem, das unlösbar ist. Der Yogi versucht es zu lösen, indem er meditiert und seinen Körper verändert wahrnimmt. So überwindet er die Schmerzen und befreit sich von erdgebundenen, materiebezogenen Gedanken. Dadurch wird er ein menschlich-göttliches Wesen und fängt an zu schweben. Ich stelle mir vor, dass man über ein christliches Glaubensbekenntnis ebenfalls so weit kommen kann. Es gibt auf jeden Fall Erkenntnisse oder ethische Vorstellungen, die sowohl den Geist als auch den Körper von seinen Qualen befreien können. Ein Hindu zum Beispiel muss vom Norden, vorbei am Ganges, durch ganz Indien wandern; er muss seinen Bart wachsen lassen und halb nackt gehen, um seiner Bestimmung und dem Göttlichen näher zu kommen. Für den gläubigen Christen ist es der Passionsweg. Jesus hat es durch seine Passion und den Tod am Kreuz stellvertretend für das Christentum darstellbar und erfahrbar gemacht.

Fridolin Haugg:
Das Leben ist defizitär. Der Mensch ist gebunden an Raum und Zeit. Er ist ein Wesen, das vom Körperlichen abhängt und dem Körper Rechnung tragen muss. Und auf dieser körperlichen Ebene entsteht das Psychische. Aber er ist während seiner ganzen Lebenszeit dem Leid ausgesetzt. Und er muss lernen, mit diesem Leid umzugehen, er muss auch eine sehr starke – was bei Jesus, glaube ich, eine Hauptintention war – Sozialdimension entwickeln. Er darf nicht nur für sich selbst leben, er muss für die Gemeinschaft leben. Und in diesem Ihrem Kreuzweg scheint mir eine Grunderfahrung gezeigt zu werden: Alles Kreatürliche ist dem Leiden ausgesetzt; es gibt Möglichkeiten, dieses Leiden zu erkennen, mit dem Leiden umzugehen, das Leiden vielleicht da und dort zu lindern – aber man kann dem Leiden, so lange man lebt, niemals entrinnen. Es gibt jedoch diese große Hoffnung auf Transformation, auf Verwandlung.

Bernd Zimmer:
Das ist es ja, was man selber anzustreben versucht, eine metaphysische Ausrichtung oder Erhöhung, einen metaphysischen Inhalt.

Meine Kreuzweg-Bilder sollen das ausstrahlen, einen Erkennungsprozess vorantreiben und möglich machen. Das heißt nicht unbedingt: Es ist eine missionarische Arbeit. Aber es zeigt ein Angebot. Folgt man dem Weg der Passion, kann man sich befreien. Die menschliche Seite an der Kreuzweggeschichte ist beeindruckend, und ich glaube, sie hat auch schon sehr vielen Menschen geholfen.

Fridolin Haugg:
... in Zeiten der Not, der Krankheit, der persönlichen Krise; in Zeiten politischer Verfolgung ...
Um einen Begriff von Alexander Gottlieb Baumgarten zu zitieren: Ihr Kreuzweg ist eine Art cognitio sensitiva, eine Erfahrung über die Sinne, eine über die Sinne vermittelte Erkenntnis.
Die Bildsequenzen der Holzschnitte faszinieren durch ihre reduzierte Realistik, durch Farbe und Licht. Wo sollen die Stationen ausgestellt werden? Wo sollen die Menschen angesprochen werden?

Bernd Zimmer:
Mein Kreuzweg wird nicht wie üblich in einem Raum ausgestellt, sondern auf vier verschiedenen U-Bahn-Stationen der Berliner Friedrichstraße erstmals gezeigt, in insgesamt vierzehn Leuchtkästen; er versucht sich in einem Gebiet durchzusetzen oder sichtbar zu werden, der von der Werbung beherrscht wird. Aber es ist gleichzeitig ein Ort von Menschen, die gestresst oder verschlafen in die Arbeit oder zur nächsten U-Bahn müssen, einsteigen – aussteigen, irgend etwas einkaufen.
Ich hoffe, dass die Aufmerksamkeit dieser Menschen geweckt wird, weil der Kreuzweg mit ganz anderen Metaphern arbeitet als die Werbung. Da wird keine Konsumware angeboten, sondern etwas, dessen Sinn man sich erst erarbeiten muss. Man muss über vier Stationen fahren, um den Gesamtverlauf des Kreuzwegs kennen zu lernen. Es sind ja nur einzelne, über vier U-Bahn-Stationen verteilte Bilder, die sich erst dann erschließen, wenn man alle gesehen hat.
Am 28. März 2006 wird die erste Station, das Urteil, gezeigt. Alle anderen Stationen werden verhängt. Jeden Tag wird ein neues Fenster geöffnet. Langsam erschließt sich die Geschichte. Ich hoffe, das funktioniert. Es ist geradezu paradox, so etwas im säkularen oder profanen Bereich zu installieren.

FRIEDRICH NIETZSCHE
DER ANTICHRIST

34

Wenn ich irgend etwas von diesem großen Symbolisten verstehe, so ist es das, daß er nur *innere* Realitäten als Realitäten, als »Wahrheiten« nahm – daß er den Rest, alles Natürliche, Zeitliche, Räumliche, Historische nur als Zeichen, als Gelegenheit zu Gleichnissen verstand. Der Begriff »des Menschen Sohn« ist nicht eine konkrete Person, die in die Geschichte gehört, irgend etwas einzelnes, einmaliges, sondern eine »ewige« Tatsächlichkeit, ein von dem Zeitbegriff erlöstes psychologisches Symbol. Dasselbe gilt noch einmal, und im höchsten Sinne, von dem *Gott* dieses typischen Symbolisten, vom »Reich Gottes«, vom »Himmelreich«, von der »Kindschaft Gottes«. Nichts ist unchristlicher als die *kirchlichen Kruditäten* von einem Gott als *Person*, von einem »Reich Gottes«, welches *kommt*, von einem »Himmelreich« *jenseits*, von einem »Sohne Gottes«, der *zweiten Person* der Trinität. Dies alles ist – man vergebe mir den Ausdruck – die *Faust* auf dem Auge – oh auf was für einem Auge! – des Evangeliums: ein *welthistorischer Zynismus* in der Verhöhnung des Symbols... Aber es liegt ja auf der Hand, was mit dem Zeichen »Vater« und »Sohn« angerührt wird – nicht auf jeder Hand, ich gebe es zu: mit dem Wort »Sohn« ist der *Eintritt* in das Gesamt-Verklärungs-Gefühl aller Dinge (die Seligkeit) ausgedrückt, mit dem Wort »Vater« *dieses Gefühl selbst*, das Ewigkeits-, das Vollendungs-Gefühl. – Ich schäme mich daran zu erinnern, was die Kirche aus diesem Symbolismus gemacht hat: hat sie nicht eine Amphitryon-Geschichte an die Schwelle des christlichen »Glaubens« gesetzt? Und ein Dogma von der »unbefleckten Empfängnis« noch obendrein?... *Aber damit hat sie die Empfängnis befleckt* - -
Das »Himmelreich« ist ein Zustand des Herzens – nicht etwas, das »über der Erde« oder »nach dem Tode« kommt. Der ganze Begriff des natürlichen Todes *fehlt* im Evangelium: der Tod ist keine Brücke, kein Übergang, er fehlt, weil einer ganz andern, bloß scheinbaren, bloß zu Zeichen nützlichen Welt zugehörig. Die »Todesstunde« ist *kein* christlicher Begriff – die »Stunde«, die Zeit, das physische Leben und seine Krisen sind gar nicht vorhanden für den Lehrer der »frohen Botschaft«... Das »Reich Gottes« ist nichts, das man erwartet; es hat kein Gestern und kein Übermorgen, es kommt nicht in »tausend Jahren« – es ist eine Erfahrung an einem Herzen; es ist überall da, es ist nirgends da...

35

Dieser »frohe Botschafter« starb wie er lebte, wie er *lehrte* – *nicht* um »die Menschen zu erlösen«, sondern um zu zeigen, wie man zu leben hat. Die *Praktik* ist es, welche er der Menschheit hinterließ: sein Verhalten vor den Richtern, vor den Häschern, vor den Anklägern und aller Art Verleumdung und Hohn – sein Verhalten am *Kreuz*. Er widersteht nicht, er verteidigt nicht sein Recht, er tut keinen Schritt, der das Äußerste von ihm abwehrt, mehr noch, *er fordert es heraus*... Und er bittet, er leidet, er liebt *mit* denen, *in* denen, die ihm Böses tun. Die Worte zum *Schächer* am Kreuz enthalten das ganze Evangelium. »Das ist wahrlich ein *göttlicher* Mensch gewesen, ein Kind Gottes!« – sagt der Schächer. »Wenn du dies fühlst« – antwortet der Erlöser – »*so bist du im Paradiese, so bist du ein Kind Gottes.« Nicht* sich wehren, *nicht* zürnen, *nicht* verantwortlich-machen... Sondern auch nicht dem Bösen widerstehen – ihn *lieben*...

39

– Ich kehre zurück, ich erzähle die *echte* Geschichte des Christentums. – Das Wort schon »Christentum« ist ein Mißverständnis –, im Grunde gab es nur einen Christen, und der starb am Kreuz. Das »Evangelium« *starb* am Kreuz. Was von diesem Augenblick an »Evangelium« heißt, war bereits der Gegensatz dessen, was *er* gelebt: eine »*schlimme* Botschaft«, ein *Dysangelium*. Es ist falsch bis zum Unsinn, wenn man in einem »Glauben«, etwa im Glauben an die Erlösung durch Christus das Abzeichen des Christen sieht: bloß die christliche *Praktik*, ein Leben so wie der, der am Kreuze starb, es *lebte*, ist christlich... Heute noch ist ein *solches* Leben möglich, für *gewisse* Menschen sogar notwendig: das echte, das ursprüngliche Christentum wird zu allen Zeiten möglich sein... *Nicht* ein Glauben, sondern ein Tun, ein Vieles-*nicht*-tun vor allem, ein andres *Sein*... Bewußtseins-Zustände, irgendein Glauben, ein Für-wahr-halten zum Beispiel – jeder Psycholog weiß das – sind ja vollkommen gleichgültig und fünften Ranges gegen den Wert der Instinkte: strenger geredet, der ganze Begriff geistiger Ursächlichkeit ist falsch. Das Christ-sein, die Christlichkeit auf ein Für-wahr-halten, auf eine bloße Bewußtseins-Phänomenalität reduzieren, heißt die Christlichkeit negieren. *In der Tat gab es gar keine Christen*. Der »Christ«, das, was seit zwei Jahrtausenden Christ heißt, ist bloß ein psychologisches Selbst-Mißverständnis. Genauer zugesehn, herrschten in ihm, *trotz* allem »Glauben«, bloß die Instinkte – und *was für Instinkte!* – Der »Glaube« war zu allen Zeiten, beispielsweise bei Luther, nur ein Mantel, ein Vorwand, ein *Vorhang*, hinter dem die Instinkte ihr Spiel spielten –, eine kluge *Blindheit* über die Herrschaft *gewisser* Instinkte... Der »Glaube« – ich nannte ihn schon die eigentliche christliche *Klugheit*, – man *sprach* immer vom »Glauben«, man *tat* immer nur vom Instinkte... In der Vorstellungswelt des Christen kommt nichts vor, was die Wirklichkeit auch nur anrührte: dagegen erkannten wir im Instinkt-Haß *gegen* jede Wirklichkeit das treibende, das einzig treibende Element in der Wurzel des Christentums. Was folgt daraus? Daß auch *in psy-*

chologicis hier der Irrtum radikal, das heißt wesens-bestimmend, das heißt *Substanz* ist. *Ein* Begriff hier weg, eine einzige Realität an dessen Stelle – und das ganze Christentum rollt ins Nichts! – Aus der Höhe gesehn, bleibt diese fremdartigste aller Tatsachen, eine durch Irrtümer nicht nur bedingte, sondern *nur* in schädlichen, *nur* in leben- und herzvergiftenden Irrtümern erfinderische uns selbst geniale Religion ein *Schauspiel für Götter* – für jene Gottheiten, welche zugleich Philosophen sind, und denen ich zum Beispiel bei jenen berühmten Zweigesprächen auf Naxos begegnet bin. Im Augenblick, wo der *Ekel* von ihnen weicht (– *und* von uns!), werden sie dankbar für das Schauspiel des Christen: das erbärmliche kleine Gestirn, das Erde heißt, verdient vielleicht allein um *dieses* kuriosen Falls willen einen göttlichen Blick, eine göttliche Anteilnahme... Unterschätzen wir nämlich den Christen nicht: der Christ, falsch *bis zur Unschuld*, ist weit über dem Affen – in Hinsicht auf Christen wird eine bekannte Herkunfts-Theorie zur bloßen Artigkeit...

Zitiert nach: Friedrich Nietzsche, Werke in drei Bänden, herausgegeben von Karl Schlechta, München 1966, Bd. 2, S. 1196 f., 1200 f.

HELMUT A. MÜLLER
»LEMA SABACHTANI«?
BERND ZIMMERS
14 STATIONEN DES KREUZWEGS
ALS DENKWEG

Kreuzwege zeichnen die herausgehobenen, wenn auch nicht zwingend historischen Stationen auf dem letzten Weg Jesu vom Ort seiner Verurteilung durch Pontius Pilatus bis zu seiner Grablegung nach. Mit der spätmittelalterlichen Neubewertung der Passion Christi werden die Kreuzwegstationen zum Ausgangspunkt frommer Betrachtung. »Seit dem 14. Jahrhundert führten die Franziskaner Pilger in Jerusalem den im 16. Jahrhundert durch Stationen gegliederten, noch heute begangenen ... Leidensweg Jesu ... Heimgekehrte Pilger bildeten die ›ausgemessene‹ Wegstrecke mit dem Anfangs- und Endpunkt«[1] ab dem 15. Jahrhundert in Europa nach. Die Zahl der Stationen schwankt. Mit Antonius Dazas »Exercicios esperituales« von 1625 wurden die bis dahin üblichen zwölf auf vierzehn Stationen erweitert. Der Franziskaner Leonhard von Porto Maurizio verschaffte dieser Form Anfang des 18. Jahrhunderts weltweite Geltung und Anerkennung durch die Ablasskongregation[2]. Seither sind mit den Kreuzwegen Ablässe verbunden. Der systematisch-theologische Ort der Kreuzwege ist im Kern die Frage, wie aus dem schon im Deuteronomium feststehenden Urteil »Verflucht ist bei Gott jeder, der am Holze hängt« (Deuteronomium 21, 23; Galater 3, 13) bei der Kreuzigung Jesu das Bekenntnis, »Wahrlich, dieser Mensch ist Gottes Sohn gewesen« (Markus 15,39) wird. Die Antworten der urchristlichen Gemeinde setzen nicht bei Jesu irdischem Wirken, sondern bei seiner Passion, seinem Tod am Kreuz und bei den Erscheinungen des Auferstandenen ein. »Nichts zeigt den Einschnitt durch Passion und Ostern deutlicher als die ältesten christologischen Aussagestrukturen«[3]. Nach den ältesten Bekenntnissen ist nicht Jesus von Nazareth, sondern Christus, also der Gesalbte gestorben (Römer 5, 6.8). Jesus ist nach diesen Aussagen über seinem Sterben zum »Herrn« geworden und Gott hat ihn von den Toten auferweckt (Römer 10, 9). Damit wird der »Selbsterweis des einen Gottes in Tod und Auferweckung Jesu« zur Mitte der Christologie[4]. Der frühe Martin Luther konzentriert noch stärker. Für ihn wird Theologie zur Kreuzestheologie. »Crux sola est nostra theologia«[5].

Für den gelernten Protestanten und späteren Malerphilosophen Bernd Zimmer[6] sind die mit Passion und Ostern verbundenen ästhetischen und religiösen Erfahrungen Ausgangspunkt und Anlass für das Studium der Quellen und daraus erwachsener theologischer und philosophischer Texte, in die er ausdrücklich Friedrich Nietzsches »Ecce homo« von 1889 mit einschließt.[7] Wie bei seiner 1998 begonnenen Werkgruppe der Weltall- und der Kosmosbilder muss Zimmer für seine »14 Stationen des Kreuzwegs« nicht mehr zwingend am Ursprungsort des Geschehens gewesen sein. Die Kreuzwege sind über die Franziskaner gleichsam »von selber« in den Wahrnehmungshorizont des Künstlers gekommen. Sie haben ihn schon als Jugendlichen zur Frage geführt, warum Katholiken Kreuzwege haben und Protestanten nicht.[8] Eine frühe Begegnung mit Barnett Newmans »Stations of the Cross« bei einer Amerikareise mag Zimmers Interesse an der ästhetischen Gestalt dieser Form passionalen Gedenkens verstärkt und mit dazu beigetragen haben, dass er, Newman vergleichbar[10], seinen Kreuzweg ohne Auftrag geschaffen hat. In Zimmers Kreuzweg fließt in einer großen Synthese das ein, was er nach seinen Studien über den Weg vom Jesus der Evangelien zum geglaubten Christus und zum Werden der Weltreligion Christentum denkt. Der vertikale, leuchtend gelbe Strip in Zimmers Kreuzwegstationen erinnert formal an Barnett Newman. Anders als bei Newman ist die Folge aber nicht vom Verhältnis von schwarzen und weißen Streifen und hellbrauner Fläche der roh belassenen Leinwand bestimmt, sondern vom Motiv des Kreuzes. Zimmer geht davon aus, dass Jesus auf seinem Leidensweg nach der Verurteilung den über seinen Schultern gebundenen Querbalken auf die Richtstätte getragen hat und dieser an dem Schandpfahl befestigt worden ist. Deshalb zeichnet Zimmer das Kreuz als Tau-, Antonius- oder ägyptisches Kreuz. Allein das vom fast roh belassenen Holz gedruckte Kreuz taucht in allen 14 Stationen auf. Die radikale Konzentration auf das Kreuz mag auch der Technik des Holzschnitts und damit formalen Gründen geschuldet sein. Aber im Letzten verdankt sie sich dem Urteil, dass am Kreuz das Entscheidende passiert. Damit wird Station 12, von Zimmer »Der Tod« genannt, zur Mitte und zum Höhepunkt des Wegs.

In Station 1 »Das Urteil« verbirgt sich das Kreuz noch im von unten angeschnittenen karminrot gefärbten Richtertisch. Die Verhandlung vor Pontius Pilatus steht im Vordergrund. Über dem Hintergrund der eröffnenden Komposition liegt Schwärze. Nach den Evangelien zog aber erst zur sechsten Stunde Finsternis über das ganze Land (Markus 15, 33). Hinter dem Richtertisch reißt im rechten Drittel der an Newman erinnernde schmale gelbe Streifen die Finsternis auf. Mit der weißen Dornenkrone verbunden lässt er auch an den Rohrstock denken, mit dem die Henkersknechte den Angeklagten schlagen. Vom Tod Jesu her erinnert er weiter an den Vorhang im Tempel, der mit dessen Tod in zwei Stücke zerreißt. Bei Zimmer selbst wird der Strip zum Verweis auf die göttliche Logik, die nach dem Urteil der ältesten Christen hinter dem Geschehen liegt.
In der zweiten Station versteckt sich das Gelb von Einsicht und Erkenntnis links hinter dem Kreuzesstamm. Das Kreuz zeigt sich erstmals in voller Größe. Nur der rechte Arm des Kreuzes ist angeschnitten. Es erscheint anthrazitschwarz vor weißem Grund. Wie bei der ersten und allen weiteren Stationen fehlt auch hier die Gestalt Jesu. Man weiß, dass er den Kreuzweg ging. Aber man kennt ihn nicht von Angesicht. Deshalb verzichtet Zimmer auf eine Darstellung. In Zimmers Kom-

position wird Jesus durch seinen blutgetränkten Mantel vertreten. In der scharf konturierten, nach oben und unten gewinkelten blutroten Form zeigt sich der Entschluss, den Weg an das Kreuz anzunehmen. Der Auftrag an mögliche Nachfolger, das eigene Kreuz auf sich zu nehmen, wird Ende des 20. Jahrhunderts von feministischen Theologinnen als patriarchale Herrschaftsgeste dekonstruiert. Wie dem auch sei: Der Zug setzt sich in Bewegung. Auf dem Weg nach Golgatha stürzt Jesus ein erstes Mal. Der irisierend orange-rote Bildgrund mag wie bei den weiteren Stürzen an die Geißelung erinnern. Das Kreuz wird dem Gemarterten zu schwer. Es stürzt nach rechts und begräbt seinen Träger. Die Einsicht in den göttlichen Plan scheint am rechten Rand aus dem Bild zu verschwinden. In der vierten Station kehrt sie als gelber Streifen mit der Erscheinung der Mutter ins Bild zurück. Die strahlend weiße Erscheinung der Mutter vor ultramarinblauem Grund richtet den Kreuzträger auf. Das Kreuz kippt in die Senkrechte. Zwischen der Erscheinung, dem gekippten Kreuz und dem Mantel der Strip.
In Station 5 hilft Simon von Kyrene das Kreuz tragen. Der Weg steigt steil an. Die Rücken beugen sich. Das Violett der Bußzeit verstärkt den Ernst. Der Strip steht unerbittlich aufrecht. In der Begegnung mit Veronika wandert er in die Mitte der Komposition. Das Kreuz kippt jetzt nach links. Die Mantelform umspielt den Stamm. Das Hintergrundrauschen nimmt eine blau-grüne Tönung an. Mit der feurig chromoxidgrünen gezackten Form, die für Veronika steht, kommt von rechts ein Schimmer Hoffnung ins Bild. Der zweite und der dritte Sturz folgen. Dazwischen die blauen Konturen zweier Frauen. Sie klagen. Sie stehen vor schwarzgrünem Grund unterm Kreuz. Der Kreuzbalken und der Kreuzstamm erscheinen wie bei Veronika in dunklem Grau. Die Erkenntnis scheint erneut aus der Szene zu weichen. Diesmal verschwindet sie aus dem linken Rand. Der Zweifel wächst. Beim dritten Sturz kommt mit dem Totenschädel im skizzierten Kalvarienberg die Erinnerung an Adam, Eva und den Sündenfall ins Bild.
In Station 10 »Entkleidung« fällt das Kreuz in den Rücken. Der blutrote Mantel Jesu verschwindet aus dem Bild. Der Richtplatz wird mit drei Totenköpfen zur Schädelstätte. Ein strahlend weißes, leicht nach links geneigtes und dort angeschnittenes Kreuz deutet an, dass die Schwärze nicht das letzte ist und Gott sich zu diesem Gekreuzigten bekennt.
In Station 11 »Kreuzigung« steht das Tau-Kreuz kopf. Zwei überlange Nägel im Querbalken bezeugen reales Sterben. Das Geschehen konzentriert sich auf den Kalvarienberg. Die Schädelstätte nimmt fortan den nahezu ganzen Bildraum ein. Der gelbe Strip ist verschwunden. Am Horizont über dem Richtplatz deutet ein gelber Kreisausschnitt letzte Verwandlung an.
Mit der zwölften Station und dem Tod ist für Zimmer alles vollbracht. Er folgt mit diesem Urteil Johannes. Der Bildraum erscheint wie von Sonne durchflutet. Am Kreuz leuchtet Neuschöpfung auf. Alle Schwärze hat sich in Licht verwandelt. Es wird in aller Öffentlichkeit klar, dass mit dem Nazarener Gottes Sohn gestorben ist. Auch wenn man ihn vom Kreuz abnehmen und ins Grab legen wird, kann ihn kein Tod mehr halten.
Station 12, »Der Tod«, wird zum strahlendsten Bild in der Folge. »Der Tod müsste

das Schönste sein, auch wenn er das Heftigste und Hässlichste ist«[11]. Diese Vorstellung von Schönheit, die neben Heftigkeit und Hässlichkeit auch Einsicht umfasst, kommt Zimmers Ideal von Schönheit am nächsten.[12] Einsicht und Erkenntnis von Übernatürlichem, von allem, was sich außerhalb unserer Existenz im Kosmos sonst noch vollzieht. Dass diese Erfahrung weder auf Dauer zu stellen noch aus der Welt zu verdrängen ist, zeigt Zimmers letzte Station. Seiner Station »Grablegung« schreibt Zimmer das Gelb doppelt breit ein. Es tritt vor das nach rechts gekippte Kreuz, das zur Grabstelle geworden ist. Das Grab aber kann Christus nicht halten.

Nach den Osterberichten ist der Auferstandene zuerst den beiden Marien erschienen, dann den Jüngern, dann mehr als 500 Brüdern auf einmal, dann Jakobus und allen Aposteln und schließlich als letztem dem späteren Völkerapostel Paulus. Mit Paulus kommen rund 20 Jahre nach Jesu Sterben die ersten literarischen Zeugnisse auf. Mit Paulus beginnt auch die Konzentration auf das Kreuz. Über Luther vermittelt geht sie in Bernd Zimmers Kreuzweg ein und gibt diesem eine mögliche protestantische Gestalt.

1 Gunda Brüske, Kreuzweg in RGG⁴, Band 4, Tübingen 2001, Spalte 1757
2 Gunda Brüske, a.a.O., Spalte 1758
3 vgl. dazu und zu folgendem Martin Karrer, Christologie, in: RGG⁴, Band 2, Tübingen 1999, S. 275f.
4 ebd.
5 Martin Luther, Operationes in Psalmos, zitiert nach: Ulrich Köpf, Das Kreuz in der Kirchengeschichte, RGG⁴, Band 4, a.a.O., Spalte 1751
6 vgl. dazu Helmut A. Müller, Bernd Zimmer, Malen ist mit Farbe denken, mit Farbe philosophieren, in: Bernd Zimmer: Cosmos, Stuttgart 2004, S. 5-8
7 Bernd Zimmer im Gespräch mit Helmut A. Müller am 25.02.2006
8 Bernd Zimmer im Gespräch mit Helmut A. Müller am 25.02.2006
10 vgl. dazu Barnett Newman »Niemand hat mich gebeten, diese Stationen des Kreuzes zu malen«, zitiert nach: Zeichen des Glaubens. Geist der Avantgarde, hrsg. von Wieland Schmied, Stuttgart 1980, S. 274
11 Bernd Zimmer im Gespräch mit Helmut A. Müller am 25.02.2006
12 Bernd Zimmer, ebd.

WOLF-GÜNTER THIEL
DER KREUZWEG ALS PHÄNOMEN
DER GEDÄCHTNISKUNST

I. Eine Annäherung im Vorfeld

Die Kreuzigung war eine in der Antike verbreitete Hinrichtungsart. Sie wurde im Orient, besonders im Römischen Reich angewendet. Bekannt wurde sie zuerst durch die Phönizier, einem syrischen See- und Handelsvolk im Mittelmeerraum. Um 1000 v. Chr. gelangte diese Hinrichtungsmethode durch die Handelskontakte der Phönizier ins Zweistromland und nach Persien. Seit dem Makedonischen Großreich wurde auch das Annageln praktiziert. Nun schuf man auch besondere Richtplätze für die Kreuzigung, meist auf einem Berg oder Hügel. Es wurden eigens dafür vorgesehene Pfähle benutzt. 332 v. Chr. ließ Alexander der Große bei der Eroberung von Tyros etwa 2000 Menschen auf diese Weise hinrichten. Von den Griechen und Karthagern übernahmen schließlich auch die Römer das Kreuzigen. Im Römischen Reich kreuzigte man vorzugsweise Sklaven, um andere Sklaven abzuschrecken. Seit der römischen Kaiserzeit verbreitete sich die Kreuzigung als Strafe gegen Nichtrömer. Die Kreuzigung stellte keine schnelle Hinrichtungsmethode dar, sondern sollte den Delinquenten langsam töten und als abschreckendes Beispiel dienen. Mit dem Aufstieg des Christentums zur römischen Staatsreligion wurde die Kreuzigung in ganz Europa bekannt. Da Jesus von Nazareth auf diese Weise hingerichtet worden war, wurde sie nun aber durch andere Hinrichtungsmethoden ersetzt. Zugleich begann ein religiöser Bilderkult um das Kreuz. »Die barbarische Kreuzigung, die im Orient erfunden worden war, galt dem römischen Staatsmann Cicero als ›grausamste und fürchterlichste Todesart‹, an die ein Römer nicht einmal denken mochte. Ein römischer Bürger durfte nicht gekreuzigt werden. Kein Wunder, dass man die Leiden des gekreuzigten Erlösers nicht über Gebühr in den Mittelpunkt rückte, vielmehr wurde das mit Gemmen und Edelsteinen verzierte Kreuz Zeichen des Sieges Christi.«[1]

Das Judentum übernahm nur das Aufhängen, nicht das Annageln, von den umgebenden Völkern und wandte es nur gegen Fremdherrscher (vgl. Josua 8, 29) oder bei extrem religiösen Vergehen wie Gotteslästerung an. Ein Gehängter galt als von Gott verflucht. Man ließ den Verendeten bis zum Abend nach seinem Tod zur Abschreckung hängen und begrub ihn dann, um das Land nicht im religiösen Sinn zu »verunreinigen« (vgl. 5. Buch Mose 21, 22-23). Das jüdische Königsgeschlecht der Hasmonäer jedoch, darunter der Herrscher Judäas zur Zeit Jesu, Herodes Antipas, waren vom Hellenismus beeinflusst und wandten daher auch die makedonisch-römische Kreuzigung an. Jesus von Nazareth wurde wie Zehntausende anderer Juden in Judäa gekreuzigt.

Jesus Christus[2] ist die gebräuchlichste ehrende Bezeichnung der Christen für Jesus von Nazareth. Es handelt sich bei »Jesus Christus« zunächst um eine Bekenntnisformel, die aus der gräzisierten Form des hebräischen Vornamens Jeschua und der griechischen Übersetzung des hebräischen Titels Maschtach einen griechischen Nominalsatz ohne Verb bildet: »Jesus (ist der) Christus, der Messias«. Diese Bekenntnisformel findet sich bei sämtlichen Autoren des Neuen Testaments. Diese Formulierung lässt sich mit großer Wahrscheinlichkeit bis zur Jerusalemer Urgemeinde zurückführen und ist integraler Bestandteil des urchristlichen Kerygmas (vgl. Apg 5,42 Revidierte Elberfelder Übersetzung: »sie hörten nicht auf, (...) Jesu als den Christus zu verkündigen.«). Schon die erste Generation der Christen hat die Formel Jesus Christus als einen »Namen« für Jesus im Sinne eines ihm von Gott verliehenen Ehrentitels verstanden (vgl. den Philipper-Hymnus Phl 2,5-11). Mehrheitlich herrscht im Christentum der Glaube vor, dass Gott sich in Jesus Christus der sündigen Menschheit zugewandt hat. Die Passion und der Tod Jesu Christi am Kreuz werden dabei als Erlösertat Gottes angesehen, in der Schuld und Sünde der gesamten Menschheit aufgehoben werden. Als entscheidendes Element des christlichen Glaubens gilt die Gewissheit an Ostern, dem dritten Tag nach Jesu Kreuzigung, an dem Gott an Jesus die Auferstehung bzw. Auferweckung als erstem von allen Menschen gewirkt und somit die Botschaft dieses Jesus von Nazareth bestätigt hat. Durch diesen Oster- bzw. Auferstehungsglauben entstand die christliche Gemeinschaft (»Kirche«). Unter Passion[3] versteht man im Christentum das Leiden und Sterben Jesu Christi mit dem Höhepunkt der Kreuzigung. Die Berichte davon in den Evangelien werden als Passionsgeschichte bezeichnet. Die katholische Kirche pflegt den Brauch der bildlichen Darstellung der Passion in Form eines Kreuzwegs.[4] Aus dem heiligen Land zurückgekehrte Pilger legten seit dem Mittelalter Nachbildungen der Heiligen Stätten in ihrer Heimat an. Oftmals übertrugen sie exakt die Länge der Via Dolorosa auf ihren heimischen Kreuzweg. Das Ziel, der in der Heimat angelegten Kreuzwege war nicht selten ein Kalvarienberg (Schädelstätte), auf dem die Kreuzigungsdarstellung aufgebaut war. Die Pilger wollten sich in Ermangelung von Reisemöglichkeiten in das Heilige Land wenigstens geistig auf den Leidensweg von Jesus Christus begeben.

Die altchristliche Kunst scheute sich, die Leidensgeschichte darzustellen. Wenn sie es dennoch tat, so geschah es in einer Weise, welche die raue Wirklichkeit verhüllte. Aus den ersten Jahrhunderten ist kein einziges Bild der Kreuzigung überliefert. Die Kreuzigung erscheint erst im 5. Jahrhundert deutlicher, so etwa in Rom am Portal der Basilika Santa Sabina auf dem Aventin (432 n. Chr.). Vor dieser Zeit wurde das Kreuz in den Katakomben äußerst selten dargestellt. Bis etwa

1100 n. Chr. wurde Christus als ferner Gott am Kreuz frei von Schmerzen dargestellt. Zu einer Wende kam es um 1300 n. Chr. am Übergang der Romanik zur Gotik. Jesus am Kreuz wird zur Leidensfigur, mit der man mitfühlen soll. Ergänzt wird das Sujet durch die zusammensinkende Maria, umgeben von den drei tröstenden Frauen. Ab dieser Zeit kommt es auch zur Entstehung des Typus des Kalvarienbergs. Als Kalvarienberge bezeichnet man heute insbesondere Nachbildungen der Kreuzigungsgruppe, oft auf kleinen Hügeln. Große Bedeutung erlangte die Errichtung von Kalvarienbergen im Barock.[5] Der wortgewaltige Zisterzienserabt Bernhard von Clairvaux und Franz von Assisi rückten die Menschlichkeit Jesu stärker in den Mittelpunkt. Franziskus' wochenlange Betrachtung des Gekreuzigten auf dem Berg La Verna in der Toskana führte der Legende nach zwei Jahre vor seinem Tod zur Einprägung der Wundmale Christi in seinen Leib. In der gotischen Zeit entstehen die vielen Darstellungen des gekreuzigten Christus in all seinen Schmerzen und in seinem Tod. Die Betrachtung des Lebens Christi in all seiner Menschlichkeit, und besonders seines Leidens und Sterbens, nimmt in der christlichen Frömmigkeit einen beherrschenden Platz ein.[6] Die heute üblichen 14 Stationen gehen wahrscheinlich auf den spanischen Franziskanermönch Antonius Daza (17. Jh.) zurück. Weltweite Verbreitung erlangte diese Form des Kreuzweges durch den hl. Leonhard v. Porto Maurizio (1676 -1751), ebenfalls Franziskanermönch und eifriger Volksmissionar in Italien. Dieser begeisternde Barockprediger soll selbst 576 Kreuzwege errichtet haben.[7]

»Die Errichtung eines Kreuzweges war bis nach dem II. Vatikanischen Konzil exklusives Recht der Bischöfe und der Franziskaner; wo keine Franziskaner in der Nähe ansässig waren, durften aufgrund der Privilegiengemeinschaft der Franziskanischen Orden auch Kapuziner und Minoriten Kreuzwege errichten. Während aber die Bischöfe ihre Vollmacht nicht an andere weitergeben konnten, hatten die Oberen der Franziskaner bis herunter zum Lokaloberen, dem Guardian, die Möglichkeit, diese Vollmacht ihren Mitbrüdern zu delegieren. Im Archiv des Klosters Neukirchen existiert noch das Verzeichnis der von hier aus errichteten Kreuzwege. (...) Heute liegt dieses Recht, Kreuzwege zu errichten, aber nicht mehr exklusiv bei den Franziskanern. Die Bischöfe können jeden Priester damit beauftragen.«[8]

II. Der Kreuzweg als Gedächtnisweg

Nach der Lektüre von Francis Yates Gedächtnis und Erinnern[9] scheint vieles darauf hinzudeuten, dass die historischen Kreuzwege der Franziskaner auf den Regeln der Gedächtniskunst basieren, die seit dem Mittelalter insbesondere von den Dominikanern und Franziskanern gepflegt wurden. Während in älteren deutschsprachigen wissenschaftlichen Arbeiten meist der Begriff der Mnemotechnik für jede Form von Gedächtniskunst benutzt wurde, wird in neueren Arbeiten der Begriff der Mnemonik als übergeordneter Terminus gebraucht. So schlagen Jörg

Jochen Berns und Wolfgang Neuber vor, Mnemonik als philosophisch-erkenntnistheoretische Kategorie im Unterschied zur praxisorientierten Mnemotechnik zu verstehen.[10] Die Mnemotechnik ist, wie wir aus drei unterschiedlichen Quellen wissen, Bestandteil der Rhetorik. So lesen wir in Quintilians *Instituio Oratoria*, Ciceros *De Oratore* und in der *Rhetorica Ad Herennium*[11] eines unbekannten Autors über die ars memoriae als der Kunst, eine Rede richtig zu erinnern. Die Gedächtniskunst wird, wie Yates schreibt, von Cicero auf Simonides zurückgeführt.

Die Grundidee der klassischen Mnemotechnik[12] besteht darin, dass das natürliche Gedächtnis nicht ausreichend sei und durch verschiedene Techniken verstärkt und ergänzt werden kann. Das Resultat dieser Techniken ist das artifizielle Gedächtnis als Verlängerung oder Hilfsmittel des individuellen Gedächtnisses. Das Gedächtnis wird als Magazin verstanden, in dem symbolisierte Gedächtnisinhalte an für sie bestimmten Stellen, sog. *loci*, aufbewahrt werden. Um sich zu erinnern, müssen im Geiste der imaginierte Raum durchsucht und die deponierten Bilder wiedergefunden werden. Mary Carruthers nennt diese wohl einflussreichste Technik in der Geschichte der Gedächtniskunst »the architectural mnemonic«.[13] Cicero vergleicht sie mit der Schrift, weshalb sie von vielen Mnemotechnikern als ein »inneres Schreiben« verstanden wird. Der von Plato benutzte Begriff der Wachstafel, der sich allerdings auf das natürliche, nicht auf das artifizielle Gedächtnis bezieht, versteht die Gedächtnisinhalte als Einschreibungen in eine Wachstafel,[14] die im Akt des Erinnerns wiedergelesen werden. Ebenso wie das Auge beim Lesen über die Wachstafel wandert, durchsucht es den Gedächtnisraum. »Denn die Orte sind einer Wachstafel und einem Blatt Papier sehr ähnlich, die Bilder den Buchstaben, die Einteilung und Anordnung der Bilder der Schrift, der Vortrag dem Lesen.«[15]

Für jeden dieser Schritte, für die Bildfindung, die Gestaltung und Anordnung der Bilder sowie für die Wahl des Raumes, entwerfen die Rhetoriker einen Regelkatalog, den es zu beachten gilt. Als erster Schritt gilt meist das Bestimmen von Stellen im Raum, an denen die Bilder platziert werden. Diese Plätze können immer wieder benutzt werden. Die Orte, *loci*, werden in einer unabänderlichen Reihenfolge im imaginierten Raum angeordnet, z. B. in einem Haus mit vielen Zimmern, entlang eines langen Weges oder in einem Tempel. Diese Räume können sowohl ausgedacht als auch Vorstellungen echter Gebäude sein. Die räumliche Ordnung ist das Kernstück der Mnemotechnik und muss besonders beachtet werden, denn wird die Ordnung der *loci* beibehalten ist es möglich, die Erinnerung an jeder beliebigen Stelle einsetzen zu lassen und sich je nach Belieben vor- oder rückwärts zu bewegen.

Empfohlen wird, einen gewissen Abstand zwischen den Orten einzuhalten und sie, um sie nicht zu verwechseln, optisch deutlich voneinander zu unterscheiden. Auch finden sich Regeln bezüglich der Größe und der Helligkeit der *loci*. Ist so ein Ordnungsschema entstanden, können Bilder für das zu Erinnernde gefunden und angeordnet werden. Während die Orte des künstlichen Gedächtnisses meist aus dem öffentlichen Raum stammen, entspricht die Auswahl der Bilder den subjektiven Vorlieben und Phantasien des Mnemotechnikers. Der Begriff Bild, der im Deutschen für *imago* benutzt wird, ist laut Herwig Blum[16] irreführend, da er zweidimensionale Bilder meint, während der lateinische Ausdruck auch räumliche Darstellungsformen umfasst. Die Bilder, die das zu Erinnernde repräsentieren, müssen möglichst auffällig sein, um einen Eindruck zu hinterlassen. Hier zeigt sich der systematische Bezug der Memorialehre zur rhetorischen Affektlehre. Die Rede soll nicht nur Affekte erzielen, sie entsteht auch aus solchen. Die Bilder, die am besten abrufbar sind, sind die, die auch im wörtlichen Sinne am stärksten beeindrucken. Der Affekt wird also zur wichtigen Stütze des mnemotechnischen Verfahrens.

Zwischen dem Höhepunkt der römischen Gedächtniskunst und der mittelalterlichen Eingliederung der Gedächtnislehre in die Ethik liegen mehrere Jahrhunderte, in denen die Gedächtniskunst nahezu vergessen war. Theologen wie Thomas von Aquin und Albertus Magnus diskutieren Gedächtnis nicht mehr im Zusammenhang mit der Kunst des öffentlichen Redens, sondern als Teil der *prudentia*[17] in ihrer Heilslehre. Basierte das bei Cicero und Quintilian beschriebene Verfahren auf Bildern, die sich an imaginierten Orten befanden, das heißt vor einem »inneren Auge«, so verlagern sich nun die Bilder und Orte nach außen, sie werden materialisiert. In Form von Buchillustrationen, Zeichnungen, Emblemen oder sogar Gemälden werden die Bilder jetzt zu frommen Gedächtnisübungen genutzt. So veräußerlicht, können sie wichtige Wahrheitsvorstellungen allgemein verständlich ausdrücken. Das bedeutet, dass ihre Subjektivität, die für das »innere Lesen« so charakteristisch war, verloren geht.

Das Verhältnis zwischen Subjektivität und Öffentlichkeit ändert sich aber auch in einer anderen Hinsicht. In der klassischen Mnemotechnik ging das private Memorieren dem öffentlichen Vortrag (vor allem bei Gericht) voraus. Die mittelalterliche Gedächtniskunst zielt nicht nur auf den öffentlichen Vortrag, sondern auch auf die persönliche Erbauung, da die Gedächtnispraxis einen moralischen Wert darstellt. Indem das künstliche Gedächtnis auch für den nicht öffentlichen Gebrauch relevant wird, verändert sich das Innen-Außen-Verhältnis nicht nur in Bezug auf die Bilder, sondern auch auf die Stimme, die durch den Verzicht auf Vortrag verinnerlicht wird. Die Gedächtniskunst als Teil der Religionsausübung ist nicht mehr nur für eine kleine Gruppe von Politikern und Juristen relevant, sondern wird vor allem von Mönchen und Theologen praktiziert und erhält dadurch Einzug in die Liturgie. Obwohl die Gedächtnislehre des Mittelalters gänzlich von der rhetorischen Tradition abgeschnitten zu sein scheint, versteht sie sich dennoch dieser Tradition zugehörig. Denn trotz der pragmatischen Umorientierung und Eingliederung in die religiöse Praxis arbeitet die mittelalterliche Gedächtniskunst noch immer mit dem von den römischen Rhetorikern übernommenen System der *loci* und *imagines agentes*.

Die Beschlüsse und Denkanstösse des Trienter Konzils können als zentrales Moment für eine theoretische Antwort des Katholizismus auf die Fragen der Reformation gelten. Die Frage bestand darin, wie die kirchlichen Eliten gegenreformatorischen Inhalte dem »gemeinen Volk«, welches in der Mehrzahl des Lesens und Schreibens unkundig war, vermitteln sollten. Ein wichtiges Bezugsystem neben der Predigt und der Seelsorge waren Kunst und Architektur: Bilder, Skulpturen und Sakralbauten sollten den Gläubigen im »rechten« Glauben bestärken. Aus diesem Grund wurden unter anderem die Kreuzwege von den Franziskanern deutlich forciert. Man wollte die Leidensgeschichte Jesu Christi in allen Einzelheiten vor Augen führen und bewusst machen. Hierbei wurden die klassischen Techniken der antiken Rhetorik der *loci* und *imagines agentes* in der Anlage der Kreuzwege berücksichtigt. Es ging jedoch nicht um einen Rhetorikdiskurs, sondern um das von Thomas von Aquin forcierte Prinzip der *prudentia*. »Vier Dinge verhelfen einem Menschen zu einem guten Gedächtnis: Das erste: Er soll die Dinge, die er im Gedächtnis behalten will, in einer bestimmten Ordnung ausbreiten. Das zweite: Er sollte mit Hingabe bei ihnen verharren. Das dritte: Er sollte sie auf außergewöhnliche Bildvorstellungen zurückführen. Das vierte: Er sollte sie in häufigem Überdenken wiederholen.«[18] Diese vier Forderungen von Thomas von Aquin, wie auch die Forderungen des Trienter Konzils werden mit dem Kreuzweg in seiner künstlerischen Bearbeitung manifestiert. Auch die Übertragung der mnemotechnischen Erkenntnisse auf die Skulptur oder Malerei entspricht dem Zeitgeist. Das persönliche Gehen des Kreuzwegs, das Gebet und die Meditation sowie die häufige Wiederholung entsprechen den Forderungen von Thomas von Aquin zur *prudentia* sehr genau. Diese Gedächtniskunst als Teil der Religionsausübung ist nicht mehr nur den kirchlichen Eliten allein vorbehalten, sondern ist dem Kirchenvolk oftmals zugänglich und vermittelt die Leidensgeschichte Christi nachvollziehbar.

III. Der Kreuzweg aus systemtheoretischer Sicht

Erinnern ist immer ein vom System hervorgebrachtes gegenwärtiges Ereignis und hat als aktuelle Sinnproduktion mit Vergangenheit nur so viel zu tun, als es an Schemata oder Strukturen vergangener Erfahrungen anschließt. Somit ist Erinnern immer ein gegenwärtiges Erinnern, das in jeder Gegenwart eine neue Vergangenheit entwirft. »Man könnte sagen: Die Zeiten ändern sich mit der Zeit.«[19] Wenn das Gedächtnis also im Erinnern besteht, stellt sich die Frage, was die Elemente sind, mit denen erinnert wird. Die Elemente, mit denen sinnverarbeitende Systeme arbeiten, sind Beobachtungen[20] (für das Bewusstsein in Form von Gedanken, für die Gesellschaft in Form von Kommunikationen). Dirk Baecker, der auf systemtheoretischen Grundlagen die Form des Gedächtnisses zu bestimmen versucht, übernimmt Humberto R. Maturanas Vorschlag, Gedächtnis als eine »Form der Beobachtung der Autopoiesis«[21] zu konzeptualisieren. Die Autopoiesis des Systems besteht in der Reproduktion von Operationen, die die Form von Beobachtungen haben. Diese sind aber qua Definition zeitgebundene Ereignisse, was bedeutet, dass sie im Moment ihres Erscheinens bereits wieder verschwinden.[22] Damit auch nach zeitlicher Distanz auf sie Bezug genommen werden kann, müssen sie wiederum selbst beobachtet werden, und in diesem Moment der Selbstbeobachtung, in der das System beobachtet, wie es zuvor beobachtet hat, konstituiert sich Gedächtnis.[23]

Wenn Bernd Zimmer die 14 Stationen des Kreuzwegs in den U-Bahnstationen installiert, stellt er die einzelnen Stationen zur Disposition. Was passiert also? Der Künstler setzt die Bilder (*imagines agentes*) in die Lichtkästen der U-Bahnwerbung ein. Die Standorte sind von den Betreibern der Werbung in U-Bahnstationen genau gewählt und in Bezug auf eine möglichst hohe Ausbeute an Blickkontakten ausgewählt (*loci*). Normalerweise werden diese Lichtkästen für die direkte Ansprache des potentiellen Konsumenten oder Endverbrauchers gewählt: vom Shampoo bis zum Mobiltelefon. Die Lichtkästen entsprechen in ihrer Größe und Form den menschlichen Maßen.[24] Der künstlerische Akt beginnt mit der Erinnerung des Künstlers an die Erfahrungen mit dem klassischen oder auch modernen Kreuzweg. In der Besichtigung der *loci* erinnert er sich an den Topos und die unterschiedlichen Motive in Bezug auf die Besonderheit der Orte. Er sieht zurück auf die Erfahrung und im inneren Monolog in die Zukunft der Realisation seiner *imagines agentes* an eben diesen *loci*. Diese Reflexion spielt sich vor dem inneren Auge des Künstlers ab.

Dann überzeugt er sich von den Wirkungen der Arbeit vor seinem inneren Auge (in seinem Bewusstsein) und antizipiert die Reaktionen der Passanten und des Fachpublikums (Kommunikation). Indem er dies im Vorfeld tut, überprüft er die Richtigkeit seiner Annahme, dass diese Bilder in diesem Umfeld eine besondere, nämlich nachhaltige Irritation und mit ihr verbunden einen Reflexionsprozess auslösen. Hierbei ist der abstrakte, assoziative Annäherungsprozess vom Künstler genauso gewünscht wie der literarische und inhaltliche Zugang, der sich im Lexikon oder im Internet rückversichert.[25] Die Entwicklung und Produktion findet vor diesem Hintergrund statt: Der Künstler erwartet zu Recht, dass sich die Wahrnehmung des Passanten für den Moment der Betrachtung neu justiert. Weg von der direkten Konsumanordnung hin zu einem abstrakten Denken und einem Überprüfen der eigenen Wahrnehmung. Dies erwartet der Künstler natürlich auch von dem Fachpublikum in der Justierung seiner fachlichen Sicht auf das Kunstphänomen. Während der Begriff »Kunst« für den Passanten keine Rolle spielt, wird er von dem Experten oder Expertin auf die Wiedererkennbarkeit der Ikonografie im Werk des Künstlers, in der Kunstproduktion der Zeit, im möglichen Marktwert und vor dem Hintergrund der Entwicklung des Motivs in der Kunstgeschichte ausgewertet.

»Jedes Kunstwerk muss, um erfolgreich zu sein, nicht nur einem bestimmten Code folgen, sondern auch den Anforderungen der Originalität und Innovation Folge leisten. Diese Funktion, den jeweiligen Kontext für ein Kunstwerk zu erzeugen, vor dem es sich als neu absetzen kann, erfüllt das Gedächtnis. Es sorgt für die jeweilig spezifische ›rediscription‹ des Systems, die es jedem Kunstwerk ermöglicht, sich in eine Tradition zu stellen oder eben mit einer solchen zu brechen. Es besteht jedoch keine Programmvorgabe wie das Einzelkunstwerk dabei verfahren muss oder welche Formen dabei gewählt werden müssen. Wichtig allein für den Anschluss des Kunstwerks an andere Kunstwerke und die Möglichkeit des zukünftigen Anschlusses ist die Herstellung eines Kontextes, vor dem das jeweilige Kunstwerk sich als Innovation absetzen kann.«[26]

Während Niklas Luhmann die Betonung auf »die Verpflichtung des Kunstsystems auf Neuheit« legt, ist es für Bernd Zimmer besonders wichtig, die historisch bedeutsame und vor dem Hintergrund der schleichenden Säkularisierung der modernen Gesellschaft in Vergessenheit geratene Bildfolge des Kreuzwegs aus dem Abseits des klerikalen Raums ins Zentrum des Alltags zu rücken. Die Innovation, wie sie Luhmann fordert, besteht also nicht so sehr in der originären Bildfindung, als vielmehr im Akt der Platzierung der Bildfolge. Der Akt der Platzierung der Bildfolge ist innovativ. Mit Luhmann wird also die Neuartigkeit in den Alltagsraum eingeführt. Das Ereignis dauert nur 14 Tage an und bleibt somit Ereignis. Jeden Tag wird ein Bild enthüllt und birgt somit jeden Tag ein Ereignis, das dem Ereignis der Gesamtsicht am Ende der Aktion und dem Gesamtblick entgegenfiebert. Die Alt-Neu-Differenz, anhand derer sich das Kunstsystem beschreibt, wird daher mit jedem neuen Bild erneuert. Hier wird der Kunstaspekt dadurch besonders verstärkt, dass ein *locus*, der bisher nicht mit Kunst im Zusammenhang stand, in das Kunstsystem eingeführt wird.[27] Bernd Zimmer geht es in dieser Arbeit weniger um eine Relationalisierung zu anderen Kreuzwegen wie denen von Barnett Newman oder HAP Grieshaber, sondern um die Opposition zu Werbebotschaften oder Verkaufsanordnungen, die sich ansonsten an selber Stelle befinden. Wenn eine Opposition zu Kunstwerken oder Vorläufern besteht, dann eher zu denen der Franziskaner im 16.-19. Jahrhundert. Auch diese basieren auf einer Gedächtnisleistung und beabsichtigen eine zusätzliche Gedächtnisleistung, nämlich die des Kommunikationsinhalts des Kreuzwegs. Dieser ist jedoch weniger der einer genauen, rekonstruierbaren Geschichtskenntnis, als vielmehr der von Thomas von Aquin geforderten prudentia. Es geht hier um eine von Konsuminhalten bereinigte Sicht auf das Denken und Empfinden, ohne den Impetus der christlichen Mission. Der Kommunikationsinhalt ist abstrakt und bleibt abstrakt, für den, der abstrakt denkt und wird zum Anstoß, für den, der sich dafür interessiert, sich die geschichtlichen und religiösen Zusammenhänge beim Lesen oder Besuchen einer Kirche erneut vor Augen zu führen. Hierbei ist die Erkennbarkeit als Kunstwerk in meinen Augen sekundär.[28] Auch ohne den Kontext des Kunstsystems ist der Kreuzweg unbestreitbar Kunst, auch wenn Luhmann wahrscheinlich davon gesprochen hätte, dass sich »Singularia« dieser Art von eben jenem Passanten nicht als Kunst verstehen lassen. Der Experte und die Expertin jedoch werden den Kunstaspekt sehr wohl verstehen. Der Kontext der U-Bahnstation entsteht im Gedächtnis letztgenannter Betrachter im Rückblick auf klassische oder moderne Kreuzwege, die sich entweder in Museen oder Kirchen befinden, nie aber zeitweise in den U-Bahnstationen unter der Friedrichstraße in Berlin. Hieraus ergibt sich ein neuartiger Diskurs, der die genannten Personen für einige Zeit beschäftigen dürfte. Spräche man in der topologischen Anwendung des Kreuzwegs von Bernd Zimmer von einem Zitat aus der Kunstgeschichte, so fällt hier die spezifische Erarbeitung des Motivs und die spezifische Inszenierung der Arbeit kunsthistorisch auf. Nicht allein die Verwendung des Motivs ist relevant, sondern die Umstände der Inszenierung, dass die beiden Verwendungen vergleichbar macht. Das neue Kunstwerk kann sich so als innovativ und neu beschreiben lassen.

1. Pater Guardian Dr. Heinrich Fürst OFM, Der Kreuzweg. Vom grausamsten Sklaventod zum Trostbuch der Christenheit. Einführungsvortrag zur Sonderausstellung »Kreuzwege der Neukirchener Hinterglasmalerei«, in: http://www.bayerischer-wald-verein.de/archiv/archivbaywald/2001/01/kreuzweg.htm
2. von griech. Ιησους Χριστός, Iesous Christos, Jesus, der [von Gott] Gesalbte
3. vgl. lat.: pati = erdulden, erleiden; passio = das Leiden
4. Als Kreuzweg bezeichnet man ursprünglich die Nachahmung der Via Dolorosa. Diese Straße in Jerusalem führt durch die Altstadt zur Grabeskirche, die an jenem Ort steht, wo Jesus ins Grab gelegt worden sein soll. Nach der Überlieferung hat die Straße zur Zeit des Todes von Jesus vom Amtssitz des römischen Statthalters Pontius Pilatus zur Hinrichtungsstätte am Hügel Golgotha und weiter zur Grabstätte geführt. Diesen Weg musste Jesus vor seiner Kreuzigung zurücklegen.
5. Beispiele bekannter Kalvarienberge befinden sich in Bad Tölz und bei Lenggries in Oberbayern, auf dem Annaberg in Oberschlesien, beim Kloster Kreuzberg in der Rhön, im Innsbrucker Stadtteil Arzl, im Zentrum Kufsteins oder im Wallfahrtsort Kinzweiler bei Eschweiler. Die schönsten Kalvarienberge findet man jedoch in der Bretagne , z. B. in Treguir. Vgl. Engelbert Kirschbaum SJ, Lexikon der christlichen Ikonographie. Allgemeine Ikonographie, Rom, Freiburg, Basel, Wien 1994 (Sonderausgabe).
6. Vgl. Pater Guardian Dr. Heinrich Fürst OFM, a.a.O.
7. Vgl. Karl Veitschegger, Kreuzweg - Geschichte, Bedeutung, Texte, in: http://members.tiscali.at/veitschegger/
8. Pater Guardian Dr. Heinrich Fürst OFM, a.a.O.
9. Francis Yates, Gedächtnis und Erinnern. Mnemonik von Aristoteles bis Shakespeare, Berlin 2001
10. vgl. Jörg Jochen Berns, Wolfgang Neuber, Mnemonik zwischen Renaissance und Aufklärung, in: dies. (Hgg.), Ars Memorativa. Zur kulturgeschichtlichen Bedeutung der Gedächtniskunst 1400-1750, Tübingen 1993, S. 373-385.
11. Marcus Fabius Quintilianus, Ausbildung des Redners. Zwölf Bücher. Institutio oratoria, hrsg. v. Helmut Rahn, Darmstadt 1975; Marcus Tullius Cicero, De Oratore. Über den Redner, hrsg. v. Harald Merklin, Stuttgart 1976; Rhetorica ad Herennium. Lateinisch – Deutsch, hrsg. v. Theodor Nüßlein, München, Zürich 1994.
12. Bei der folgenden Betrachtung der klassischen Mnemotechnik habe ich mit großem Gewinn Jens Kiefers »Gedächtnis als kulturwissenschaftliches und literaturtheoretisches Problem« gelesen und mich teilweise hieran orientiert. Vgl. http://www.lehrerwissen.de/textem/texte/essays/jens/memory/fuss.htm
13. Mary J. Carruthers,The Book of Memory, Cambridge 1990, S. 71.
14. Dies entspricht natürlich im übertragenen Sinne der Holzschnittdrucktechnik. Statt in Wachs werden hier die Spuren in das Holz geschnitten.
15. Rhetorica Ad Herennium, S. 167. Der Autor Ad Herennium vergleicht hier im Gegensatz zu Plato jedoch nicht das natürliche Gedächtnis mit der Wachstafel, sondern die Orte, einen Teil des artifiziellen Gedächtnisses.
16. Herwig Blum, Die antike Mnemotechnik, Hildesheim, New York 1969.
17. Schon bei Cicero ist die Verbindung von Gedächtnis und Ethik angedacht. Für ihn gehört *memoria* neben *intelligentia* und *providentia* zur *prudentia*. Weisheit kann als die Tugend verstanden werden.
18. Giovanni di San Gimignano, Summa de exemplis ac similitudinibus rerum, Lib. VI, cap. xlii. Zitiert nach: Francis Yates, a.a.O., S. 84.
19. vgl. z. B. Armin Nassehi, Die Zeit der Gesellschaft. Auf dem Weg zu einer soziologischen Theorie der Zeit, Opladen 1993.
20. Beobachtung, so schreibt Jens Kiefer, meint hier nicht eine visuelle Wahrnehmung, sondern in Niklas

Luhmanns Terminologie eine spezifische Operationsweise eines sinnverarbeitenden Systems etwa anhand einer Unterscheidung zu bezeichnen. Beobachtungen sind als Ereignisse definiert, die zwar Zeit benötigen, jedoch von kurzer Dauer sind. Sie verschwinden mit ihrem Entstehen wieder. Das System ist daher ständig gezwungen, seine Elemente zu reproduzieren. Luhmann unterscheidet zwischen Operationen, die als Reproduktion des Systems blind und quasi gleichzeitig ablaufen und zeitgebundenen Beobachtungen, die an einer spezifischen Unterscheidung orientiert sind. Vgl. Jens Kiefer, a.a.O.

21 Dirk Baecker, Überlegungen zur Form des Gedächtnisses, in: Schmidt (Hrsg.), Gedächtnis, S. 337-339, hier S. 342.

22 Kommunikation ereignet sich nach Luhmann erst im Verstehen, das Information und Mitteilung voneinander unterscheidet. Das Verstehen findet aber erst in der Anschlusskommunikation statt, was bedeutet, dass das Verschwinden des Ereignisses im Nachfolgeereignis sich ereignet.

23 Hier ergibt sich ein schwerwiegendes Theorieproblem. Wie kann eine vergangene Operation beobachtet werden, wenn sie bereits wieder verschwunden ist? Das Problem verdeutlicht, dass das System, um sich selbst beobachten zu können, auf seine Umwelt angewiesen ist, anhand derer Operationen rekonstruiert werden. Das heißt, damit wiederbeobachtet werden kann, bedarf es entweder Formen der Aufzeichnung oder personaler Erinnerung, die jedoch zur Umwelt der Kommunikation gehören. Luhmann verbannt also das Problem des Aufbewahrens, das in anderen Theorien dem Gedächtnis zugeschrieben wird, in die Umwelt des Gedächtnisses. Vgl. Jens Kiefer, a.a.O.

24 »Ein Gedächtnis-*locus*, der ein Gedächtnisbild aufnehmen soll, darf nicht größer sein, als ein Mann reichen kann.« Dies wird mit einem Holzschnitt illustriert, auf dem das Bild eines Menschen an einem *locus* dargestellt ist; die Figur streckt die Hände nach oben und zur Seite aus, um die richtigen Proportionen eines *locus* im Verhältnis zum Bild zu demonstrieren. Zitiert nach: Francis Yates, a.a.O., S. 111. Yates zitiert hier Congestorium artificiose memorie des Dominikanermönchs Johannes Romberchs von 1533.

25 Es gibt den berühmten Satz von Josef Beuys: »Die Mysterien finden heute in den Bahnhöfen statt.«

26 Niklas Luhmann, Zeit und Gedächtnis, in: Soziale Systeme. Zeitschrift für Soziologie, 1996, S. 324.

27 Beispiele für solche Differenzmetaphern in der Kunst sind etwa Gebrauchsgegenstände im Falle Duchamps oder einzelne Laute bei Schwitters.

28 »Kunst ist Kunst, wenn sie nicht wie Kunst erscheint!«, in: Kristian von Hornsleth, Fuck You Artlovers Forever, Kopenhagen 2005, S. 15.

AUTOREN

Eugen Biser

wird 1918 im südbadischen Oberbergen geboren. Sein Studium muss er im Krieg, in dem er schwer verwundet wird, unterbrechen. Nach langjähriger Tätigkeit als Religionslehrer in Heidelberg ist er seit 1965 Professor für Fundamentaltheologie in Passau und Würzburg und von 1974 bis 1986 Inhaber des Lehrstuhls für Christliche Weltanschauung und Religionsphilosophie in München. Seit 1987 leitet er dort das Seniorenstudium. Er ist Mitglied der Europäischen Akademie für Wissenschaft und Kunst in Salzburg und der Heidelberger Akademie der Wissenschaften sowie Träger des Guardini-Preises und des Peter-Wust-Preises. Naben zahllosen Artikeln veröffentlicht Eugen Biser mehr als 70 Bücher. Der Vertiefung und Weiterführung seines philosophischen Denkens dient die vor kurzem ins Leben gerufene »Eugen-Biser-Stiftung für Dialog aus christlichem Ursprung«.

Fridolin Haugg

geboren 1932 in Hohenpeißenberg, studiert von 1953 bis 1958 Philosophie und Kunstgeschichte an der Universität München und absolviert die Lehramtsprüfung in den Fächern Geschichte, Deutsch und Latein. Danach ist er als Lehrer an verschiedenen Münchner Gymnasien tätig, von 1962 bis 1968 arbeitet er am Goetheinstitut. Von 1976 bis 1994 ist er Schulleiter des Louise-Schröder-Gymnasiums und des Willi-Graf-Gymnasiums in München. Zahlreiche Veröffentlichungen als Schulbuchautor.

Anuschka Koos

ist 1970 in Mannheim geboren und studiert Kunstgeschichte, Klassische Archäologie und Romanische Philologie an den Universitäten Heidelberg und Basel. 2000 erfolgt in Heidelberg die Promotion. Von 2001 bis 2004 ist sie als Leiterin der Presse- und Öffentlichkeitsarbeit sowie als Kuratorenassistentin an der Städtischen Galerie im Lenbachhaus in München tätig. 2004 wird ihr Sohn Dominik geboren, im gleichen Jahr eröffnet sie gemeinsam mit einem Kollegen eine Galerie für zeitgenössische Kunst. Mehrere Veröffentlichungen im Bereich Gegenwartskunst.

Friedrich Nietzsche

geboren 1844 in Röcken bei Lützen, gestorben 1900 in Weimar, deutscher Philosoph und klassischer Philologe.

Helmut A. Müller

geboren 1949 in Nordheim bei Heilbronn, studiert von 1968 bis 1973 Theologie in Tübingen und Mainz, begleitet von Studien der Philosophie, Psychologie und Soziologie. Von 1978 bis 1987 ist er Pfarrer an der Stiftskirche Backnang, von 1987 bis 1996 an der Hospitalkirche Stuttgart. Seit 1987 leitet er das Evangelische Bildungszentrum Hospitalhof Stuttgart. 1992 gründet er die Gesellschaft für Gegenwartskunst und Kirche Artheon und wird mit dem Atlantis-Kunstpreis ausgezeichnet. Als Ausstellungsmacher und verantwortlicher Herausgeber der Mitteilungen der Gesellschaft für Gegenwartskunst und Kirche Artheon erscheinen zahlreiche Veröffentlichungen, u.a. in den Bereichen »Kunst und Kirche« sowie »Glaube und Naturwissenschaft«.

Wolf-Günter Thiel

ist 1966 in Remscheid geboren und studiert nach einer Banklehre und einem Traineeprogramm in der New Yorker Galerie Leo Castelli an der Universität Bonn Kunstgeschichte, Politische Wissenschaften und Städtebau. In dieser Zeit veröffentlicht er Essays in den Zeitschriften Flash Art International, Journal of Contemporary Art und anderen Kunstmagazinen. Als freier Kurator realisiert er seit Ende seines Studiums international zahlreiche Ausstellungsprojekte. Seit etwa 8 Jahren berät er darüber hinaus Unternehmen im Bereich der Corporate Culture. Aktuell arbeitet er an einer Dissertation über das Werk von Bernd Zimmer an der Hochschule für Gestaltung, Karlsruhe.

BIOGRAFIE

Bernd Zimmer ist 1948 in Planegg bei München geboren. Von 1968 bis 1970 absolviert er eine Lehre als Verlagsbuchhändler beim Carl Hanser Verlag in München. 1969 reist er nach Marokko und Spanien. Von 1970 bis 1972 ist er Assistent für grafische Gestaltung im Carl Hanser Verlag. 1972 reist er vier Monate nach Malaysia, Thailand, Laos, Burma und Hongkong. 1973 siedelt er nach Berlin über und beginnt seine Tätigkeit als Buchgestalter im Verlag Klaus Wagenbach. Er studiert Philosophie und Religionswissenschaft an der freien Universität Berlin. 1975/76 bereist er fünf Monate lang Mexiko und den Süden der Vereinigten Staaten. Er beginnt seine künstlerische Arbeit. Mit Rainer Fetting, Helmut Middendorf, Salomé und anderen gründet er 1977 die Galerie am Moritzplatz, die bis 1981 besteht. 1979 erhält er das Karl-Schmidt-Rottluff-Stipendium. Es folgen in den kommenden Jahren Reisen unter anderem nach Java, Bali, Lombok und in die Dominikanische Republik. 1982 erhält er das Stipendium für die Villa Massimo in Rom. 1984 übersiedelt er nach Polling in Oberbayern, wo er in einem ehemaligen Klostergut Wohnung und Atelier bezieht. 1990 reist er nach Indien und richtet sich im Jahr darauf in Monteventano in der Emilia Romagna ein weiteres Atelier ein. Im Frühjahr 1993 erfolgt eine Reise in die Wüste von Libyen. Im gleichen Jahr erscheint erstmals im Eigenverlag das Künstlermagazin PlantSÜDEN, das er zusammen mit Roland Hagenberg, Tokio, herausgibt. 1994 verlegt er sein Atelier von Polling nach Oberhausen, Oberbayern. 1995 reist er nach Tahiti und mit einem Frachtschiff zu den Marquesas-Inseln nach Hiva Oa. Im Sommer 1996 entstehen während eines Aufenthalt in Salerno, Campania, die ersten Skulpturen. 1998 bereist er Namibia, ab 2000 mehrfach die Sahara. Im Jahr 2001 führt ihn eine Reise nach Ägypten, 2003 nach Karelien in Nordwestrussland, 2004 nach Syrien und 2005 nach Island.

KONZEPTION UND GESTALTUNG: ANUSCHKA KOOS UND BERND ZIMMER
REDAKTION: ANUSCHKA KOOS
FOTOS: HANS DÖRING, MÜNCHEN
GRAFISCHE GESTALTUNG: TOM ISING FÜR HERBURG WEILAND, MÜNCHEN
GESAMTHERSTELLUNG: GERBER GMBH, KIRCHHEIM
VERLAG: D.P. DRUCK- UND PUBLIKATIONS GMBH, WESTENDSTRASSE 123,
80339 MÜNCHEN

© 2006 VG BILD-KUNST, BONN FÜR BERND ZIMMER
© DER TEXTE BEI DEN AUTOREN
ISBN 3-88779-016-2